Apotheke und Datenschutz

3., überarbeitete Auflage

Patricia Kühnel

Apotheke und Datenschutz

3., überarbeitete Auflage

Patricia Kühnel

Stand: April 2018

Govi

3., neu bearbeitete Auflage 2018
ISBN 978-3-7741-1394-7 (eBook: ISBN 978-3-7741-1395-4)

Apothekerhaus, Eschborn, Carl-Mannich-Straße 26, 65760 Eschborn
avoxa.de, govi.de

Titelbild: Privacy concept © peshkova
Satz: Fotosatz H. Buck, Kumhausen/Hachelstuhl
Grafiken: Frank Pfeifer, Frankfurt
Druck und Verarbeitung: Beltz Bad Langensalza GmbH, Bad Langensalza
Printed in Germany

Bibliografische Information der Deutschen Nationalbibliothek
Die Deutsche Nationalbibliothek verzeichnet diese Publikation in der Deutschen Nationalbibliografie; detaillierte bibliografische Daten sind im Internet über http://dnb.d-nb.de abrufbar.

Wichtiger Hinweis

Die Broschüre fasst in handlicher Form die wesentlichen Dinge zusammen, die datenschutzrechtlich für den Apothekenbetrieb relevant sind. Der Leitfaden dient als Einstieg in die Materie; die Ausführungen sind nicht rechtsverbindlich. Für Detailfragen sind die Gesetze, Verordnungen und Richtlinien im Original heranzuziehen. Alle Daten wurden mit größter Sorgfalt zusammengestellt. Alle Angaben sind ohne Gewähr, eine Haftung ist ausgeschlossen.
Die überwiegende Verwendung der männlichen Form (z. B. Apotheker) geschieht ausschließlich aus Gründen der besseren Lesbarkeit und stellt keine Diskriminierung dar.

Inhaltsverzeichnis

Vorwort

Liebe Leser,
im Datenschutzrecht hat sich Einiges getan. Hohe Bußgeldandrohungen in der seit dem 25. Mai 2018 geltenden Datenschutz-Grundverordnung verunsichern viele Apothekenleiter. Doch Datenschutz wurde nicht neu erfunden, was die bereits dritte Auflage dieses Buches zeigt.

Allerdings ist nach umfangreichen gesetzlichen Neuregelungen die Umsetzung des Datenschutzes in der Apotheke auf den Prüfstand zu stellen. Neue Aushänge und Pflichtdokumente sind erforderlich. Der Datenschutz ist angemessen in den Arbeitsalltag zu integrieren und sicherzustellen.

Die damit einhergehenden Pflichten und Aufgaben obliegen dem Apothekenleiter, der vom Datenschutzbeauftragten beraten und unterstützt wird.

Die komplett überarbeitete 3. Auflage der Broschüre soll dafür erneut als praktischer Leitfaden dienen und macht anhand eines „Rundganges durch die Apotheke" mit vielen Beispielen deutlich, wo Handlungsbedarf besteht.

Zahlreiche Muster, jeweils themenbezogene Checklisten zur Eigenrevision sowie eine kurze Zusammenfassung am Ende eines jeden Kapitels helfen, den eigenen Standard zu prüfen und Lücken zu schließen.

Ich würde mich freuen, wenn Ihnen dieser Leitfaden eine nützliche Stütze bei der Umsetzung der neuen gesetzlichen Bestimmungen ist.

Abschließend gilt mein besonderer Dank meiner Lektorin Frau Dr. Anette Schenk und Jörg für die Unterstützung, Motivation und Geduld.

Patricia Kühnel, im April 2018

1 Die Offizin

Beginnen wir den Rundgang dort, wo auch der Kunde die Apotheke im Regelfall betritt, in der Offizin. Hier werden Kunden empfangen und beraten, Verkaufsflächen und Werbemöglichkeiten genutzt und die Apotheke nach außen präsentiert.

Gleichzeitig stellt sich in der Offizin eine Vielzahl datenschutzrechtlicher Probleme. Rezepte wechseln den Besitzer, Kundenkarten werden vergeben und benutzt, Kunden wollen beraten werden oder Auskünfte zu früheren Rezepten erhalten. Sie möchten Zuzahlungsausdrucke für ihre Angehörigen mit nach Hause nehmen und Medikamente, die nicht sofort vorrätig sind, geliefert bekommen.

Diese kleine Auswahl an Beispielen aus der Offizin macht bereits deutlich, dass im Apothekenalltag das Thema Datenschutz ständig eine Rolle spielt. Datenschutz soll personenbezogene Daten schützen. Die Apothekenleitung sollte sich deshalb zuerst bewusst machen, an welchen Stellen er relevant ist.

Abbildung 1 zeigt, welche Datenströme von der Apotheke zu Dritten fließen und von dort empfangen werden.

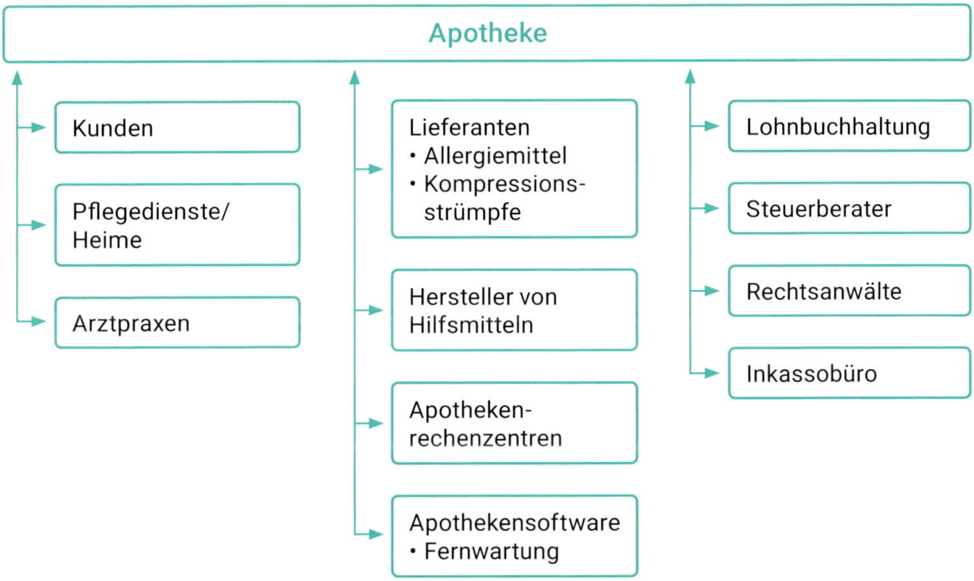

Abbildung 1: Datenströme in der Apotheke

1.1 Gesetzliche Grundlagen

Während dem Thema Datenschutz in der Vergangenheit eher weniger Beachtung geschenkt wurde, hat die Sensibilität für dieses Thema bei den Kunden mit Blick auf die technische Entwicklung und die Datenskandale in der letzten Zeit deutlich zugenommen. Wirklich Aufmerksamkeit erregt der Datenschutz allerdings erst seit in Kraft treten der Europäischen Datenschutzgrundverordnung (nachfolgend DS-GVO) und den daraus resultierenden deutlich höheren Bußgeldandrohungen. Obwohl der Datenschutz nicht neu erfunden wurde, ist das Thema plötzlich in aller Munde.

Bei vielen Bürgern ist das Bewusstsein dafür gestärkt, dass jeder das Recht hat, selbst darüber zu bestimmen, was mit seinen Daten geschehen soll und was nicht. So wurde bereits im Jahr 1983 durch das Bundesverfassungsgericht klargestellt, dass das **Recht auf informationelle Selbstbestimmung** einschließlich des Datenschutzes als Bestandteil des allgemeinen Persönlichkeitsrechtes (Artikel 2 Abs. 1 GG in Verbindung mit Art. 1 Abs. 1 GG) Grundrechtschutz genießt.

> „Das Grundrecht gewährleistet die Befugnis des Einzelnen, grundsätzlich selbst über die Preisgabe und Verwendung seiner persönlichen Daten zu bestimmen."[1]

Damit ist jeder gegen die unbegrenzte Erhebung, Speicherung, Verwendung und Weitergabe seiner persönlichen Daten geschützt.

Leider gibt es trotz einer riesigen Gesetzesfülle in Deutschland kein „Apothekendatenschutzgesetz". Die Apothekenleitung muss daher die wichtigsten gesetzlichen Regelungen mit datenschutzrechtlicher Relevanz für die Apotheke kennen. Diese sind:

- die EU-Datenschutzgrundverordnung (DS-GVO),
- das Datenschutz-Anpassungs- und Umsetzungsgesetz EU (DSAnpUG-EU) = „BDSG neu",
- die Berufsordnung,
- das Telemediengesetz (TMG),
- das Strafgesetzbuch (§ 203 StGB, § 206 StGB) und die Strafprozessordnung (§ 53, § 53a StPO),
- das Urheberrechtsgesetz,
- zahlreiche Einzelregelungen (z. B. im Infektionsschutzgesetz, im Arzneimittelgesetz, im Transfusionsschutzgesetz, in der Betäubungsmittel-Verschreibungsverordnung, im Sozialgesetzbuch V, im Sozialgesetzbuch X usw.).

Viele für die Apotheke relevante Fragen zum Thema Datenschutz sind gesetzlich geregelt. Das gilt nicht nur für die Schweigepflicht des Apothekers und Konsequenzen bei ihrer Verletzung, sondern auch für viele alltägliche Dinge, wie die Einwilligung in die Speicherung der Kundenkartendaten, Auskünfte, welche die Kunden zu ihren Daten in der Apotheke möchten, oder die Abrechnung der Rezepte über das Apothekenrechenzentrum. Es lohnt daher, einen Blick auf einige ausgewählte Bestimmungen zu werfen.

1 Bundesverfassungsgerichtsentscheidung, sog. „Volkszählungsurteil", BVerfGE 65, 1, 43

1.1.1 Die Europäische Datenschutzgrundverordnung

Die nach Ablauf einer Übergangsfrist zum **25. Mai 2018** unmittelbar anzuwendende Datenschutz-Grundverordnung[2] regelt den Datenschutz innerhalb der Europäischen Union einheitlich. Zielstellung ist es, ein einheitliches Niveau des Datenschutzes zu schaffen und damit neben dem Vertrauen der Bürger und auch den freien Datenverkehr innerhalb der Europäischen Union zu erleichtern.[3]

Insgesamt enthält die Datenschutz-Grundverordnung in 11 Kapiteln 99 Artikel und daneben weitere 173 Erwägungsgründe, die die Inhalte der Artikel erläutern. Bei den Erwägungsgründen handelt es sich ebenfalls um Gesetzestext, der zwingend zu berücksichtigen ist.

Leider ist der Gesetzestext durch viele Verweisungen und die Verwendung auslegbarer und technischer Begriffe nicht immer sehr anwenderfreundlich gestaltet.

In Tabelle 1 sind daher wichtige Artikel für die Eigenlektüre zusammengestellt, die für die Apotheke besonders von Bedeutung sind. Die einzelnen Regelungen werden nachfolgend an den entsprechenden Stellen im Buch besprochen.

Artikel der Datenschutzgrundverordnung (Auswahl)	
Kapitel I	Allgemeine Bestimmungen; Artikel 1–4
Artikel 1	Gegenstand und Ziele
Artikel 2–3	Anwendungsbereich
Artikel 4	Begriffsbestimmungen (z. B. personenbezogene Daten, Einwilligung, Gesundheitsdaten)
	Tipp: Hier werden viele Begriffe, die das Gesetz verwendet, erläutert. Lektüre lohnt!
Kapitel II	Grundsätze; Artikel 5–11
Artikel 5	Grundsätze für die Verarbeitung personenbezogener Daten
Artikel 6	Rechtmäßigkeit der Verarbeitung
Artikel 7	Bedingungen für die Einwilligung (z. B. Kundenkarte)
Artikel 9	Verarbeitung besonderer Kategorien personenbezogener Daten (z. B. Gesundheitsdaten)
Kapitel III	Rechte der betroffenen Person = *Apothekenkunde*; Art. 12–23
Artikel 12	Transparenz und Modalitäten für die Ausübung der Betroffenenrechte (Bearbeitungsfristen!)
Artikel 13	Informationspflicht: Datenerhebung beim Betroffenen
Artikel 14	Informationspflicht: Datenerhebung bei Dritten (nicht beim Betroffenen)
Artikel 15	Recht auf Auskunft
Artikel 16	Recht auf Berichtigung
Artikel 17	Recht auf Löschung („Vergessenwerden")
Artikel 18	Recht auf Einschränkung der Verarbeitung (= Sperrung)

2 Verordnung (EU) 2016/679 des Europäischen Parlaments und des Rates vom 27.April 2016 zum Schutz natürlicher Personen bei der Verarbeitung personenbezogener Daten, zum freien Datenverkehr und zur Aufhebung der Richtlinie 95/46/EG

3 Vergleiche Erwägungsgrund 13 zu Art. 2 DS-GVO

Artikel der Datenschutzgrundverordnung (Auswahl)	
Artikel 19	Mitteilungspflichten bei Berichtigung / Löschung / Sperrung
Artikel 20	Recht auf Datenübertragbarkeit
Artikel 21	Widerspruchsrecht
Kapitel IV	Verantwortlicher und Auftragsverarbeiter; Art. 24–43
Artikel 24	Verantwortung des für die Verarbeitung Verantwortlichen (=Apothekeninhaber)
Artikel 25	Datenschutz durch Technikgestaltung/datenschutzfreundliche Voreinstellungen
Artikel 28	Auftragsverarbeiter (z. B. Softwareanbieter, Rechenzentren)
Artikel 30	Verzeichnis von Verarbeitungstätigkeiten (**Pflichtdokumente**!)
Artikel 33	Meldung von Datenpannen an die Aufsichtsbehörde
Artikel 34	Benachrichtigung der Betroffenen
Artikel 35	Datenschutz-Folgenabschätzung (**Pflichtdokumente**!)
Artikel 37–39	Datenschutzbeauftragter
Kapitel V	Übermittlungen personenbezogener Daten an Drittländer oder an internationale Organisationen; Art. 44–50
Kapitel VI	Unabhängige Aufsichtsbehörden; Art. 51–59
Kapitel VII	Zusammenarbeit und Kohärenz; Art. 60–76
Kapitel VIII	Rechtsbehelfe, Haftung und Sanktionen; Art. 77–84
Artikel 77	Beschwerderecht bei der Aufsichtsbehörde
Artikel 82	Haftung und Schadenersatz
Artikel 83	Allgemeine Bedingungen für die Verhängung von Bußgeldern
Artikel 84	Sanktionen (der Mitgliedsstaaten)
Kapitel IX	Vorschriften für besondere Verarbeitungssituationen; Art. 85–91
Artikel 88	Verarbeitung von Beschäftigtendaten (= Apothekenmitarbeiter)
Kapitel X	Delegierte Rechtsakte und Durchführungsrechtsakte; Art. 92/Art. 93
Kapitel XI	Schlussbestimmungen; Art. 94–99
Hinweis: Die vorstehenden Kurzerläuterungen der Artikel sind nicht wortgleich mit den gesetzlichen Artikelbezeichnungen.	

Tab. 1: Kapitel und zugehörige Artikel der Datenschutzgrundverordnung (Auswahl)

Die Bestimmungen der Datenschutz-Grundverordnung sind als Europarecht höherrangiges Recht. Das bedeutet, dass diese Regelungen vorrangig gelten. Nur wo die Datenschutz-Grundverordnung sogenannte Öffnungsklauseln enthält, durfte der deutsche Gesetzgeber Regelungen treffen. Das hat er mit dem Datenschutz-Anpassungs- und -Umsetzungsgesetz EU = „BDSG neu" getan. Dort finden sich beispielsweise Regelungen zur Videoüberwachung, zum Datenschutzbeauftragten, zum Mitarbeiterdatenschutz, zu Informationspflichten und zur Verarbeitung von Gesundheitsdaten.

Die Voraussetzungen für die Anwendung der Datenschutz-Grundverordnung sind:

- Es muss sich um **personenbezogene Daten** handeln.
- Die personenbezogenen Daten müssen in der Apotheke ganz oder teilweise automatisiert verarbeitet werden. Die Verordnung gilt auch bei nicht automatisierter Verarbeitung personenbezogener Daten (Papierform), sofern diese in einem Dateisystem gespeichert sind oder gespeichert werden sollen.[4]

Beispiel

Der Kunde bestellt in der Apotheke per Telefon unter Angabe seines Namens Medikamente vor. Die Mitarbeiterin notiert dies zunächst handschriftlich, später werden die Daten im Rechner gespeichert.

Die Datenschutz-Grundverordnung formuliert als wichtigen Grundsatz ein sogenanntes „Verbot mit Erlaubnisvorbehalt“[5]. Danach ist zunächst einmal jede Form Verarbeitung personenbezogener Daten **verboten**. Das trägt auch dem Recht auf informationelle Selbstbestimmung Rechnung, wonach jeder Einzelne selbst über die „Preisgabe und Verwendung seiner persönlichen Daten“ bestimmt[6].

Nur ausnahmsweise ist die Verarbeitung personenbezogener Daten erlaubt (= Erlaubnisvorbehalt), nämlich dann, wenn einer der abschließenden Erlaubnistatbestände des Art. 6 Abs. 1 DS-GVO greift.

Die Datenverarbeitung in der Apotheke ist nur zulässig, wenn einer der folgenden Erlaubnistatbestände vorliegt[7]:

- Einwilligung
- Vertrag
- rechtliche Verpflichtung
- berechtigte Interessen

Der Begriff der Verarbeitung wird weit ausgelegt, um möglichst alle auftretenden Formen der Verwendung personenbezogener Daten zu erfassen. Dazu gehören beispielsweise das Erheben der Daten, das Organisieren, das Speichern, das Anpassen, das Auslesen und Versenden, die Offenlegung, das Abgleichen und Sperren von Daten, aber auch deren Löschung.[8]

Die Apotheke geht im Rahmen ihrer Arbeitsstrukturen in den verschiedensten Formen mit den personenbezogenen Daten ihrer Kunden und Mitarbeiter um. So sind die Lieferantenbestellung per Internet, die Kundendatenweitergabe an die Clearingstelle bei der Hilfsmittelbestellung, der E-Mail-Verkehr mit Heimen, der Datenaustausch mit Filialapotheken, die Speicherung von Kundenkartendaten in der Apothekensoftware und die Bezahlung per EC-Karte

4 Art. 2 Absatz 1 DS-GVO

5 Niko Härting, Datenschutz-Grundverordnung, Rdnr 318, S. 81, Verlag Dr. Otto Schmidt KG, 2016

6 Bundesverfassungsgerichtsentscheidung, sog. „Volkszählungsurteil“, BVerfGE 65, 1, 43

7 Datenverarbeitungen sind darüber hinaus zum Schutz lebenswichtiger Interessen einer Person, in Erfüllung einer Aufgabe im öffentlichen Interesse oder in Ausübung von Hoheitsgewalt zulässig, Art. 6 Abs. 1 Satz 1, lit.d/e

8 Artikel 4 Ziffer 2. DS-GVO

tägliche Praxis einer Apotheke. Tabelle 2 zeigt Beispiele für Formen der Verarbeitung personenbezogener Daten.

Verarbeitung	Beispiel aus der Apotheke
Erheben/Erfassen	Abfrage der Kundendaten im Rahmen der Einwilligung in die Kundenkarte
Organisation/Ordnen	Sortierung der Kundendaten nach Alphabet
Speichern	Abspeichern der Kundenkartendaten auf der Festplatte
Anpassung/Veränderung	inhaltliches Ändern der Adressdaten in der Kundenkartendatei nach Umzug des Kunden
Auslesen	Ausdrucken gespeicherter Daten
Abfragen	Datensuche in der Kundenkartei unter Nutzung von Suchbegriffen
Verwendung	Nutzung der gespeicherten Kundendaten für die Beratung
Offenlegung durch Übermittlung, Verbreitung oder eine andere Form der Bereitstellung	Weitergabe der Daten an die Filialapotheke/Clearingstelle
Abgleich oder Verknüpfung	Abgleich der Daten mit der Filialapotheke
Einschränkung	Einschränkung des Zugriffs auf die Kundenkartendaten (z. B. Sperrvermerk) nach Tod eines Kunden/„Inaktiv setzen"
Löschen	vollständiges Löschen der Kundendaten aus allen Datenbeständen
Vernichten	physische Vernichtung der Datenträger (Zerstörung der Festplatte)

Tab. 2: Formen der automatisierten Verarbeitung von Daten

Die Verarbeitung der personenbezogenen Daten in der Apotheke muss den Grundsätzen des Art. 5 DS-GVO entsprechen. Dabei ist wichtig, dass die Einhaltung der in Tabelle 3 aufgeführten Grundsätze **nachweisbar** sein muss.

Grundsatz	Hinweis	Beispiel
Rechtmäßigkeit	Erforderlich ist eine Rechtsgrundlage im Sinne des Art. 6 DS-GVO (siehe Kapitel 1.1)	• Gesetz, z. B. Transfusionsgesetz • Einwilligung, z. B. Kundenkarte • Vorvertrag, z. B. telefonische Medikamentenvorbestellung
Treu und Glauben	Die Datenverarbeitung muss aus Sicht des Betroffenen redlich, anständig und frei von Druck erfolgen.	Problematisch könnte dies im Verhältnis zu Mitarbeitern der Apotheke sein, z. B. Einholung einer Einwilligung in eine rechtlich unzulässige Videoüberwachung im Backoffice.

Grundsatz	Hinweis	Beispiel
Transparenz	Transparenz bedeutet die Nachvollziehbarkeit der Datenverarbeitung für den Betroffenen.	• Umfangreiche Informationen der Betroffenen zur Datenverarbeitung, deren Risiken etc. (siehe Kapitel 6.1) • Verzeichnisse der Verarbeitungsprozesse (siehe Kapitel 7.1) • Festlegung/Beachtung von Löschfristen
Zweckbindung	Die Datenverarbeitung muss für festgelegte, eindeutige und legitime Zwecke erfolgen.	Eine Kundenkartendatei muss durch entsprechende Verarbeitungszwecke legitimiert sein (Beratung zu Wechselwirkungen, Unverträglichkeiten/ Erstellung von Zuzahlungsbescheinigungen etc.)
Datenminimierung	Die Verarbeitung muss auf das notwendige und dem Verarbeitungszweck entsprechende Maß beschränkt sein.	Im Rahmen von Einwilligungserklärungen sollten nur die wirklich benötigten personenbezogenen Daten abgefragt werden (NICHT Familienstand, Anzahl und Alter der Kinder etc.)
Richtigkeit	Personenbezogene Daten müssen sachlich richtig und auf dem neuesten Stand sein.	Bei längerer Nichtnutzung der Kundenkarte sollte nachgefragt werden, ob die Daten noch korrekt sind!
Speicherbegrenzung	Die Daten sind mit Wegfall des Speicherzwecks zum frühestmöglichen Zeitpunkt zu löschen.	Nach Ablauf der Aufbewahrungsfristen sind Daten im Regelfall zu löschen.
Integrität und Vertraulichkeit	Personenbezogene Daten sind vor unbefugtem Zugriff, unrechtmäßiger Verarbeitung, Verlust und Schädigung zu schützen.	Dazu dienen technisch-organisatorische Maßnahmen (Art. 32 DS-GVO), wie Verschlüsselung, Datensicherung, hierarchische Zugriffsstrukturen etc. (siehe Kapitel 1.2)

Tab. 3: Grundsätze bei der Verarbeitung von personenbezogenen Daten

Es sollten daher in jeder Apotheke klare Arbeitsanweisungen für alle Mitarbeiter existieren, wie mit personenbezogenen Daten von Kunden und Mitarbeitern umzugehen ist (siehe dazu Kapitel 7.3).

Die Nutzung personenbezogener Daten ist nur dann erlaubt, wenn die beabsichtigte personenbezogene Datenverarbeitung nach Art. 6 DS-GVO von einer Rechtsgrundlage gedeckt ist (Abbildung 2).

Für die Verarbeitung von Gesundheitsdaten und biometrischen Daten (z. B. Fingerprintsysteme zwecks Bedienerzuordnung) ist darüber hinaus zwingend Art. 9 DS-GVO zu beachten, der nochmals ausdrücklich jegliche Verarbeitung dieser besonderen Kategorien personenbezogener Daten untersagt und spezielle Erlaubnistatbestände benennt. Berechtigte Interessen reichen für die Verarbeitung von Gesundheitsdaten nicht aus!

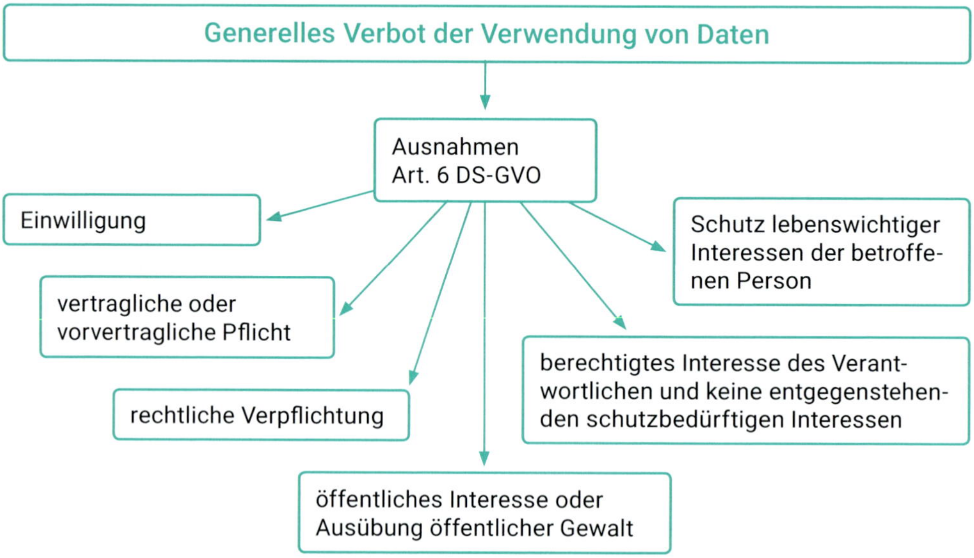

Abbildung 2: Zulässigkeit der Datenerhebung, Datenverarbeitung (oder) und -nutzung, Verbot mit Erlaubnisvorbehalt

Gesundheitsdaten sind in Art. 3 Nr. 15 DS-GVO definiert als „personenbezogene Daten, die sich auf die körperliche und geistige Gesundheit einer natürlichen Person, einschließlich der Erbringung von Gesundheitsdienstleistungen, beziehen und aus denen Informationen über deren Gesundheitszustand hervorgehen".

Das sind nicht nur die in der Apotheke erhaltenen Arznei- und Hilfsmittel, sondern auch gespeicherte Informationen zu Allergien und Erkrankungen des Kunden.

Es gilt ein generelles Verbot der Verarbeitung von Gesundheitsdaten nach Art. 9 Abs. 1 DS-GVO.

Ausnahmen nach Art. 9 Abs. 2 DS-GVO sind
- ausdrückliche Einwilligung nach Risikoaufklärung
- Gesundheitsvorsorge und Arbeitsmedizin durch Fachpersonal mit Berufsgeheimnis oder Geheimhaltungspflicht
- Rechtsansprüche und Handlungen vor Gerichten (Rechtsstreit wegen eines Beratungsfehlers des Apothekers)
- Wahrung lebenswichtiger Interessen einer Person und Betroffener kann nicht einwilligen
- öffentliches Interesse (Gesundheitsschutz)
- erforderlich wegen Arbeitsrecht, sozialer Sicherheit, Sozialschutz
- Verarbeitung von der Person offenkundig öffentlich gemachter Daten
- Unionsrecht erlaubt Verarbeitung
- Archivzwecke, Wissenschaft, Statistik, historische Forschungszwecke

Beispiel

Werden Kundendaten mit Gesundheitsbezug (Medikamente, Allergien) auf Basis der Kundenkarte gespeichert, überwiegen stets die Interessen des betroffenen Kunden am Schutz seiner sensiblen Daten gegenüber den Interessen der Apotheke (z. B. Vermeidung von Wechselwirkungen und Unverträglichkeiten, Beratungsverbesserung, Kundenservice). Vertragliche oder rechtliche Verpflichtungen (Gesetz) bestehen nicht.

Zur Speicherung von Kundendaten ist es deshalb für die Apotheke unbedingt erforderlich, eine Einwilligung des Kunden einzuholen, siehe Kapitel 1.6.

Merke

Wichtige Säulen des neuen Datenschutzrechtes sind:

- die Grundsätze der Verarbeitung nach Art. 5 DS-GVO,
- die Rechtmäßigkeit der Datenverarbeitung nach Art. 6 DS-GVO/Art. 9 DS-GVO
- und die Rechenschaftspflicht/Nachweisbarkeit.

1.1.2 Die Berufsordnung

Die Berufsordnungen enthalten Rechte und Pflichten des Apothekers. In nahezu allen Berufsordnungen finden sich ausdrückliche Regelungen zur Schweigepflicht und zum Datenschutz.

In der Berufsordnung der Apothekerkammer Berlin heißt es zum Beispiel wie folgt:

„§ 10 Verschwiegenheit und Datenschutz

(1) Apothekerinnen und Apotheker sind zur Verschwiegenheit über alle Vorkommnisse verpflichtet, die ihnen in Ausübung des Berufs bekannt werden. Sie haben alle unter ihrer Leitung tätigen Personen, die nicht der Berufsordnung unterliegen, über die gesetzliche Pflicht zur Verschwiegenheit zu belehren und dies schriftlich zu dokumentieren.

(2) Die Speicherung und Nutzung patientenbezogener Daten bedarf der vorherigen schriftlichen Einwilligung der Betroffenen, sofern sie nicht nach dem Bundesdatenschutzgesetz oder anderen Ermächtigungsgrundlagen zulässig ist oder von den gesetzlichen Bestimmungen gefordert wird.“[9]

Ein gut funktionierender Datenschutz sichert die Schweigepflicht des Apothekers. Das ist vor allem deshalb bedeutsam, weil die einmal erfolgte unbefugte Offenbarung von Kunden- oder Mitarbeiterdaten nicht wieder rückgängig gemacht werden kann.

In der Berufsordnung wird auch die konkrete Pflicht des Apothekers normiert, seine Mitarbeiter in **schriftlicher Form zur Verschwiegenheit zu verpflichten**.

9 Berufsordnung der Apothekerkammer Berlin vom 16.06.2009, abrufbar unter: www.fileadmin/akb/kammerrecht/Berufsordnung_vom_160609_Original.pdf, Zugriff: 12.03.2018

Tipp

Achten Sie darauf, dass alle in der Apotheke tätigen Personen eine schriftliche Schweigepflichterklärung unterzeichnen. Vergessen Sie nicht die Auszubildenden, Praktikanten, Boten und andere, auch nur kurzzeitig in der Apotheke tätige Personen.

Sinnvoll ist es, die Schweigepflichterklärung in den Arbeitsvertrag zu integrieren und bei Beginn des Arbeitsverhältnisses unterzeichnen zu lassen.

Sollte sich die Regelung in den bereits vorhandenen Arbeitsverträgen als nicht ausreichend erweisen oder sollte sie vollständig fehlen, müssen die bestehenden Verträge entsprechend ergänzt werden.

Tipp

In Apotheken sind häufig Schüleraushilfen anzutreffen. Auch diese müssen mit Blick auf die in der Apotheke verarbeiteten sensiblen Daten auf die Verschwiegenheit verpflichtet werden. Sie müssen die Belehrung zur Verschwiegenheit verstehen und vor Beginn ihrer Tätigkeit eine entsprechende Verpflichtungserklärung unterzeichnen, die auch von den Sorgeberechtigten mit unterschrieben werden sollte. Das Original verbleibt in der Apotheke.

Eine Verpflichtung aller in der Datenverarbeitung tätigen Mitarbeiter auf das **Datengeheimnis** ist nicht mehr erforderlich. Die Datengeheimnisverpflichtung der Mitarbeiter ist nur noch für Mitarbeiter im öffentlichen Dienst notwendig.[10] Allerdings sollten alte Datengeheimnisverpflichtungen der Mitarbeiter nach § 5 Bundesdatenschutzgesetz aufbewahrt werden.

Die Verpflichtung auf das Datengeheimnis hatte bis zum 24. Mai 2018 bei Aufnahme der Tätigkeit der Mitarbeiter zu erfolgen, die mit Datenverarbeitungsprozessen in der Apotheke befasst waren.[11]

Davon waren und sind auch heute in der Apotheke nahezu alle Mitarbeiter erfasst. Durch das Apothekenpersonal werden Kundendaten erhoben und verarbeitet, Bestellungen ausgelöst, Rezepte abgerechnet, Hilfsmittel beantragt und EC-Karten-Abrechnungen vorgenommen.

Das **Muster** einer Schweigepflichterklärung findet sich in **Anhang 1**.

Es wird eine Schweigepflichterklärung in schriftlicher Form und versehen mit Datum, Ort und Unterschrift des Mitarbeiters benötigt. Diese ist häufig Bestandteil des Arbeitsvertrages. Das Original verbleibt in der Apotheke.

10 § 53 DSAnpUG-EU = BDSG neu
11 § 5 BDSG (alt)

1.1.3 Das Strafgesetzbuch

In den Berufsordnungen wird auf eine weitere wichtige Vorschrift Bezug genommen, die die Verletzung der Verschwiegenheitspflicht unter Strafe stellt.

Die Verletzung von Privatgeheimnissen ist in § 203 Strafgesetzbuch (StGB) mit Geldstrafe oder mit Freiheitsstrafe bis zu einem Jahr sanktioniert.

Neben anderen Berufsgruppen, wie beispielsweise Ärzten, ist der Apotheker einschließlich seiner „berufsmäßig tätigen Gehilfen" erfasst. Damit ist auch das Fehlverhalten der Apothekenmitarbeiter, wie zum Beispiel der PTA, der PKA oder des Pharmazieingenieurs strafbar.

> § 203 Abs. 1 StGB lautet:
> Bestraft wird, „wer unbefugt ein fremdes Geheimnis, namentlich ein zum persönlichen Lebensbereich gehörendes Geheimnis oder ein Betriebs- oder Geschäftsgeheimnis offenbart, das ihm als ... Apotheker ... anvertraut oder sonst bekanntgeworden ist"[12].

Schutzgut ist das allgemeine Persönlichkeitsrecht (Art. 2 Abs. 1 i. V. m. Art. 1 Abs. 1 GG), welches das Recht auf informationelle Selbstbestimmung einschließt[13].

Beispiele

Werden Daten der Apothekenkunden mit Diagnose und Medikation durch den Apotheker ohne Einwilligung des Kunden beziehungsweise ohne gesetzliche Befugnis an außenstehende Dritte (auch Ärzte) mitgeteilt, erfüllt dies den Tatbestand der Vorschrift. Dies gilt selbst dann, wenn der Kunde verstorben ist.[14] Insoweit ist Vorsicht geboten, wenn Angehörige beispielsweise Zuzahlungsbescheinigungen für verstorbene Verwandte in der Apotheke einfordern! Diese sind nicht durch ihr Verwandtschaftsverhältnis befugt, die Information zu erhalten!

Auch wenn ein Mitarbeiter der Apotheke einem Außenstehenden berichtet, dass der Prominente XY am Vortag ein bestimmtes Medikament in der Apotheke erhalten hat, erfüllt er den Straftatbestand des § 203 StGB.

> **Tipp**
> Alle Mitarbeiter sind darüber zu belehren, dass die Schweigepflicht umfassend gilt, also auch gegenüber dem eigenen Ehegatten, Familienangehörigen, Ärzten, anderen Apothekern, Angehörigen der Kunden und nicht in den Vorgang involvierten Kollegen, beispielsweise in Filialen der Apotheke.

Auch der Datenschutzbeauftragte der Apotheke macht sich strafbar, wenn er unbefugt ein fremdes Geheimnis offenbart, von dem er bei der Erfüllung seiner Aufgaben als Beauftragter für den Datenschutz in der Apotheke Kenntnis erlangt hat.[15]

12 Strafgesetzbuch in der Fassung der Bekanntmachung vom 13.11.1998, zuletzt geändert durch Art. 1 des Gesetzes vom 30.10.2017, § 203 Abs. 1 StGB
13 Thomas Fischer, Strafgesetzbuch und Nebengesetze, 64. Auflage 2017, § 203 StGB, Rdnr 2
14 § 203 Abs. 5 StGB
15 § 203 Abs. 4 StGB

Damit ist beispielsweise ein externer Datenschutzbeauftragter, der kein „berufsmäßig tätiger Gehilfe" des Apothekers ist, mit vom Täterkreis erfasst.

Merke
Im täglichen Umgang mit den Kundendaten ist große Sorgfalt geboten, da bei einer Offenbarung durch den Apotheker, durch seine Mitarbeiter oder durch den Datenschutzbeauftragten strafrechtliche Sanktionen drohen.

Die Vorschrift wurde dahingehend erweitert, dass nunmehr auch sogenannte „Mitwirkende" des Apothekers mit vom Täterkreis erfasst sind. Dazu gehören zum Beispiel die Mitarbeiter der Softwareanbieter, die per Fernwartung auf die Kundendaten der Apotheke zugreifen und diese unbefugt offenbaren könnten. Der Apotheker kann sich hier der eigenen strafrechtlichen Verantwortung entziehen, indem er eine **Verschwiegenheitsverpflichtung** gemäß § 203 StGB beim Softwareanbieter abfordert und damit dokumentiert, dass er im Rahmen seiner Möglichkeiten das Notwendige zum Schutz seiner Kundendaten vor einem unbefugten Offenbaren getan hat.

1.1.4 Die Strafprozessordnung

Nach § 53 Strafprozessordnung steht dem Apotheker im Rahmen der Vernehmung ein Zeugnisverweigerungsrecht zu.[16] Die Vorschrift soll das besondere Vertrauensverhältnis zwischen dem Apotheker und seinem Kunden schützen.[17]

Das Zeugnisverweigerungsrecht geht weiter als der materielle Strafrechtsschutz des § 203 StGB, weil es sich auf alle bei der Berufsausübung anvertrauten oder bekanntgewordenen Tatsachen bezieht. Erfasst sind nicht nur „Geheimnisse" im Sinne des § 203 StGB.[18]

Entbindet der Kunde den Apotheker im Prozess von der Verschwiegenheitspflicht, muss durch den Apotheker ausgesagt werden. Der Apotheker kann ansonsten selbst entscheiden, ob er aussagen will oder nicht. Im Fall einer Aussage riskiert er jedoch die eigene Strafbarkeit nach § 203 StGB. Ob er sich dieser Gefahr aussetzen will, liegt bei ihm als Zeugen allein.[19]

Beispiel
Steht ein Kunde aufgrund einer Rezeptfälschung vor Gericht, so greift das Zeugnisverweigerungsrecht. Möchte der Apotheker die Rezeptfälschung geahndet wissen und sagt gegen den Willen des angeklagten Kunden aus, kann das für den Apotheker selbst strafrechtliche Konsequenzen haben.

---

16 Strafprozessordnung in der Neufassung der Bekanntmachung vom 07.04.1987 (BGBl. I S. 1074, S. 1319); zuletzt geändert durch Art. 2 des Gesetzes vom 30.10.2017, § 53 StPO
17 Lutz Meyer-Goßner, Strafprozessordnung mit GVG und Nebengesetzen, 60. Aufl. 2017, § 53 Rdnr 1
18 A.o.O., § 53 StPO, Rdnr 4
19 A.o.O., § 53 StPO, Rdnr 6 mit weiteren Nachweisen, BGH 9, 59, 61

Über das Zeugnisverweigerungsrecht seiner Berufshelfer entscheidet der Apotheker, „es sei denn, dass diese Entscheidung in absehbarer Zeit nicht herbeigeführt werden kann" (§ 53a StPO). Das ist beispielsweise bei Tod, Erkrankung oder längerer Abwesenheit der Fall.[20]

Die Entscheidung über das Zeugnisverweigerungsrecht ist bindend und muss nicht einheitlich ausfallen.[21] So kann der Apotheker selbst das Zeugnis verweigern, seine Mitarbeiterin aber zur Aussage anweisen oder bei mehreren Hilfspersonen unterschiedliche Anweisungen geben.[22]

Wird der Apotheker von seiner Schweigepflicht entbunden, gilt dies auch für alle Hilfspersonen. Die Entbindung von der Schweigepflicht ist unteilbar.[23]

Im Zivilprozess existieren entsprechende Regelungen für Zeugenaussagen in den §§ 383 – 385 Zivilprozessordnung.[23a]

Merke
Schweigepflicht und Zeugnisverweigerungsrecht können für den Apotheker insbesondere dann Probleme bereiten, wenn er strafrechtlich relevantes Verhalten seiner Kunden unterbinden will. Um sich nicht selbst strafbar zu machen, ist hier, beginnend bei etwaigen Anzeigen, große Vorsicht geboten.

1.1.5 Weitere gesetzliche Bestimmungen

Zahlreiche Gesetze enthalten datenschutzrechtlich relevante Bestimmungen. So sind bei einer Präsentation der Apotheke im Internet (Website) neben den Regelungen der Datenschutzgrundverordnung (Informationspflichten, Datenschutzerklärung) die Bestimmungen des **Telemediengesetzes** relevant, die beispielsweise die Anforderungen an ein korrektes Impressum vorgeben. Konkrete Informationen dazu finden sich im Kapitel 2.6.

Weiterhin gibt es für bestimmte Sachverhalte, wie zum Beispiel die Abgabe von Tierarzneimitteln, Betäubungsmitteln und so weiter, konkrete gesetzliche Dokumentations- und Archivierungspflichten, die datenschutzrechtliche Relevanz haben. Wichtig ist dabei die Beachtung der Aufbewahrungsfristen, vergleiche dazu Kapitel 2.2.

Merke
In Abhängigkeit davon, welche Art und Verwendung personenbezogener Daten die Apotheke beabsichtigt, sind eine Vielzahl unterschiedlicher gesetzlicher Bestimmungen zu beachten.

20 A.o.O., § 53a StPO, Rdnr 7
21 A.o.O., § 53a StPO, Rdnr 8
22 A.o.O., § 53a StPO, Rdnr 8
23 A.o.O., § 53a StPO, Rdnr 10
23a Zivilprozessordnung in der Fassung der Bekanntmachung vom 5. Dezember 2005 (BGBl. I S. 3202; 2006 I S. 431; 2007 I S. 1781), zuletzt geändert durch Artikel 11 Absatz 15 des Gesetzes vom 18. Juli 2017 (BGBl. I S. 2745)

1.1.6 CHECKLISTE SCHWEIGEPFLICHT

- ☐ Haben alle Mitarbeiter (einschließlich Praktikanten, Aushilfen, Boten etc.) eine Schweigepflichterklärung unterzeichnet?
- ☐ Werden alle Mitarbeiter (einschließlich Praktikanten, Aushilfen, Boten etc.) regelmäßig und nachweislich über die Schweigepflicht belehrt?
- ☐ Sind den Mitarbeitern die Konsequenzen einer Verletzung der Schweigepflicht bewusst?
- ☐ Existieren Verschwiegenheitsverpflichtungen gemäß § 203 StGB der „Mitwirkenden" des Apothekers (Softwareanbieter mit Fernwartungszugriff)?

1.2 Technisch-organisatorische Maßnahmen

Die Apotheke muss ein umfassendes **Sicherungskonzept** für ihre personenbezogenen Daten erstellen und dauerhaft gewährleisten. Es existieren konkrete Vorgaben zur innerbetrieblichen Organisation des Datenschutzes, die der Gesetzgeber selbst vorgibt (Art. 32 DS-GVO). Sinnvoll ist es, das Sicherungskonzept der Apotheke auf diese technisch-organisatorischen Maßnahmen abzustellen. Im ersten Schritt ist dabei die Sensibilität und Schutzbedürftigkeit der Daten zu betrachten. (vergleiche dazu auch Kapitel 2.3 – Unterlagenklassifikation).

Achtung
Die Schutzbedürftigkeit der Daten ist in Apotheken wegen des Personen- und Gesundheitsbezuges sehr hoch!

Die von der Apotheke für die Datensicherheit zu ergreifenden Schutzmaßnahmen müssen **angemessen** sein. Es ist eine Risikoeinschätzung erforderlich, an der sich die Angemessenheit des Schutzniveaus orientiert.[24] Betrachtet werden die Eintrittswahrscheinlichkeit und Schwere des Risikos für die Betroffenen.

Die Schwere des Riskos wird bei sensiblen Daten regelmäßig hoch bzw. sehr hoch anzusetzen sein. Es sind daher dem Stand der Technik entsprechende Schutzmaßnahmen zu treffen, die mit dem Lauf der Zeit Änderungen unterworfen sind und regelmäßig auf den Prüfstand gestellt werden müssen. So haben sich beispielsweise die Anforderungen an die Passwortqualität in den letzten Jahren massiv verschärft.

Daneben ist auch der Kostenfaktor zu berücksichtigen. Fehlende Finanzmittel machen eklatante Lücken im Sicherheitsniveau allerdings nicht akzeptabel. Die Apotheke arbeitet mit sehr sensiblen Kunden- und Gesundheitsdaten und kann mit Blick auf die Schweigepflicht und das besondere Vertrauensverhältnis zum Kunden bei Sicherheitslücken nicht auf fehlende finanzielle Mittel verweisen.

24 Kühling / Buchner/Jandt, Datenschutz-Grundverordnung, Kommentar, 1. Aufl. 2017, Art. 32 Rdnr 31

Damit ist die Apotheke gesetzlich aufgefordert, konkrete und angemessene Maßnahmen zu ergreifen.

Der Gesetzgeber macht die folgenden und nicht abschließend geregelten Vorgaben – Artikel 32 Abs. 1 DS-GVO:

„Unter Berücksichtigung des Stands der Technik, der Implementierungskosten und der Art, des Umfangs, der Umstände und der Zwecke der Verarbeitung sowie der unterschiedlichen Eintrittswahrscheinlichkeiten und der Schwere und des Risikos für die Rechte und Freiheiten natürlicher Personen treffen der Verantwortliche und der Auftragsverarbeiter geeignete technische und organisatorische Maßnahmen, um ein dem Risiko angemessenes Schutzniveau zu gewährleisten; diese Maßnahmen schließen unter anderem Folgendes ein:

a) die Pseudonymisierung und Verschlüsselung personenbezogener Daten;
b) die Fähigkeit, die Vertraulichkeit, Integrität, Verfügbarkeit und Belastbarkeit der Systeme und Dienste im Zusammenhang mit der Verarbeitung auf Dauer sicherzustellen;
c) die Fähigkeit, die Verfügbarkeit der personenbezogenen Daten und den Zugang zu ihnen bei einem physischen oder technischen Zwischenfall rasch wiederherzustellen;
d) ein Verfahren zur regelmäßigen Überprüfung, Bewertung und Evaluierung der Wirksamkeit der technischen und organisatorischen Maßnahmen zur Gewährleistung der Sicherheit der Verarbeitung."

So kann eine Umsetzung der technisch-organisatorischen Maßnahmen zum Beispiel aussehen:

zu a) Pseudonymisierung und Verschlüsselung:

- Benutzerkennung mit Passwortsicherung (auch Bildschirmschoner)
- Passwortqualität
- Pseudonymisierung von Kundendaten
- dem Stand der Technik entsprechende Verschlüsselungsverfahren, auch bei Weitergabe der Daten

zu b) die Fähigkeit, die Vertraulichkeit, Integrität, Verfügbarkeit und Belastbarkeit der Systeme und Dienste im Zusammenhang mit der Verarbeitung auf Dauer sicherzustellen:

- Verschließen/Videoüberwachung der Apothekenräume
- Fenstersicherung
- konkrete und dokumentierte Schlüsselregelung für das Personal
- Beauftragung eines Wachdienstes
- Schaffung von Sicherheitszonen
- klare Regeln für den Zutritt (z. B. Lieferanten)
- Beschränkung der Administrator- und Userrechte auf das zwingend Erforderliche,
- klar strukturierte Rechteverwaltung (wer darf Daten lesen, bearbeiten, löschen etc.?)
- Regelungen für den Datenzugriff von Praktikanten, Auszubildenden, Aushilfen

- Sorgfalt bei der Datenentsorgung (vertragliche Absicherung, Vernichtungsprotokolle)
- begrenztes, für die Weitergabe von Daten autorisiertes Personal
- klare Regelung für alle Mitarbeiter, an wen Daten weitergegeben werden dürfen
- klare Regelungen zur Versendung von Nachrichten per Mail, Telefax, Post etc.
- Verwendung von Kürzeln, Chiparmbändern und anderen Identifikationsmöglichkeiten bei der Eingabe durch die Mitarbeiter
- Protokollierung von Zugriffen
- getrennte Verarbeitung der zu unterschiedlichen Zwecken gespeicherten Daten (Kundenkarte – Lieferantenbestellung – BtM-Dokumentation)

zu c) die Fähigkeit, die Verfügbarkeit der personenbezogenen Daten und den Zugang zu ihnen bei einem physischen oder technischen Zwischenfall rasch wiederherzustellen:

- regelmäßige (= mindestens tägliche) Datensicherung
- Schutz vor Schadsoftware wie Viren, Trojanern etc.
- unterbrechungsfreie Stromversorgung

zu d) ein Verfahren zur regelmäßigen Überprüfung, Bewertung und Evaluierung der Wirksamkeit der technischen und organisatorischen Maßnahmen zur Gewährleistung der Sicherheit der Verarbeitung

- Schaffung eines systematischen und gründlichen Kontrollverfahrens, zum Beispiel durch Einbindung in das vorhandene QMS der Apotheke oder ein anderes geeignetes Managementsystem (siehe dazu Kapitel 7.3)

Daneben werden personelle Maßnahmen verlangt. Das können beispielsweise Verhaltensvorgaben sein oder regelmäßig durchzuführende Unterweisungen der Mitarbeiter zum Datenschutz.[25] Verhaltensvorgaben lassen sich durch Verfahrensanweisungen und Prozessbeschreibungen im QM umsetzen und sind damit kontrollier- und im Verstoßfall auch sanktionierbar.

Was dabei im Einzelnen zu beachten ist, wird in den folgenden Kapiteln erörtert und präzisiert.

Es dürfte unbestritten sein, dass eine hundertprozentige Sicherheit nicht zu erreichen ist. Allerdings ist die Apotheke verpflichtet, im Rahmen des Möglichen alle erforderlichen und angemessenen Maßnahmen zur Gewährleistung des Datenschutzes zu ergreifen.

In Anhang 7 am Ende des Buches findet sich eine **Checkliste**, in welcher die in der Apotheke ergriffenen technisch-organisatorischen Maßnahmen dokumentiert und kontrolliert werden können.

Erforderlich ist es darüber hinaus, die getroffenen Maßnahmen zur Datensicherheit regelmäßig zu testen, gegebenenfalls zu optimieren und dies nachzuweisen. Sinnvoll kann die Dokumentation beispielsweise im Rahmen des QM-Systems der Apotheke erfolgen (siehe Kapitel 7.3).

---

25 Kühling/Buchner/Jandt, DS-GVO, Art. 32, Rdnr 38

Merke
Die Apotheke wird durch den Gesetzgeber verpflichtet, umfangreiche technische und organisatorische Maßnahmen zur Gewährleistung der Datensicherheit der sensiblen Daten zu ergreifen.
Die Maßnahmen sind angemessen auszugestalten, regelmäßig zu prüfen und ggf. zu optimieren.

1.3 Die Räumlichkeiten

Die Apothekenbetriebsordnung verlangt eine Einrichtung der Offizin dergestalt, dass die Vertraulichkeit der Beratung gewährt werden kann.[26]

In welcher Form diese Vorgabe erfüllt und die Voraussetzung für eine diskrete Kundenberatung geschaffen wird, die der Schweigepflicht des Apothekers und der seiner Mitarbeiter gerecht wird, bleibt der Apotheke selbst überlassen.

Schon allein mit Blick auf die vorstehend geschilderten strafrechtlichen Sanktionen im Verletzungsfall sollte man jedoch sicherstellen, dass eine ungestörte, individuelle und schweigepflichtkonforme Beratung des Kunden möglich ist.

Eine diskrete Beratung danken nicht nur Kunden mit Inkontinenzproblemen oder Pilzerkrankungen, denen eine Schilderung ihrer Beschwerden in Gegenwart mithörender Dritter sehr unangenehm sein kann.

Vielmehr kann eine vertrauliche, individuelle Kundenberatung auch ein Wettbewerbsvorteil im Vergleich zur Anonymität der Internetapotheken oder zur weniger diskreten Beratung benachbarter, konkurrierender Apotheken sein.

1.3.1 Die Handverkaufstische

Die HV-Tische in der Offizin sind der Ort der Apotheke, an welchem der Kunde sein Anliegen schildert. Sie sollen räumlich so angeordnet sein, dass ein generelles Mithören des Kundengesprächs durch andere Kunden weitgehend verhindert wird.[27]

So können beispielsweise durchgehende HV-Tische durch Ständer oder Regale in individuelle Bereiche unterteilt werden. Eine Verstärkung der Abtrennung lässt sich gegebenenfalls auch durch ein geschicktes Stellen der Freiwahlregale erreichen.[28]

26 Apothekenbetriebsordnung, neugefasst durch Bekanntmachung v. 26.9.1995 (BGBl. I S. 1195); zuletzt geändert durch Art. 11 des Gesetzes v. 18.07.2017, § 4 Absatz 2a ApBetrO

27 Stephan Rixen/Clemens Krämer, Apothekengesetz mit Apothekenbetriebsordnung, Kommentar, 1. Auflage 2014, § 4 ApBetrO, Rdnr 8

28 Ursula Sellerberg, Ulrich Krötsch, Diskretionszonen in jeder Apotheke, PZ 2007; 152: 1190–1191 und PZ online 2011, mit weiteren Nachweisen (Arbeitsgemeinschaft der Pharmazieräte, Leitsätze zur Vertraulichkeit der Beratung bei der Abgabe der Arzneimittel, 1997), abrufbar unter: www.pharmazeutische-zeitung.de/index.php?id=2851, *Zugriff am 09.04.2018*

Häufig werden aus Zeitgründen bei hohem Kundenaufkommen Rezepte auf dem HV-Tisch kurzfristig verwahrt. Dabei ist darauf zu achten, dass nachfolgende Kunden die Rezepte auf dem HV-Tisch nicht lesen oder unbemerkt ergreifen können.

Achtung
Das sichtbare Liegenlassen von Rezepten ist ein für Dritte leicht zu bemerkender Datenschutzverstoß, der in der Praxis bereits mehrfach angezeigt wurde. Es reicht nicht aus, Rezepte mit einer Ecke sichtbar unter die PC-Tastatur zu klemmen.

PC-Bildschirme, die sich auf dem HV-Tisch befinden, müssen so stehen, dass wartende Kunden den Bildschirm nicht einsehen können. Kundendaten sind sonst für Dritte ungehindert lesbar.

Merke
Die HV-Tische sind so anzuordnen und zu gestalten, dass eine diskrete Kundenberatung möglich und die unberechtigte Kenntnisnahme anderer Rezepte oder Kundendaten ausgeschlossen ist.

1.3.2 Die Diskretionszone der Offizin

Sofern in der Offizin der Apotheke bereits eine „Diskretionszone" existiert, sind die folgenden Bemerkungen einiger Kunden sicher nicht unbekannt. „Wir sind doch hier nicht auf der Bank!" oder „Ich habe doch kein Geheimnis!" sind unpassende Reaktionen einiger Kunden. Viele Apotheken, insbesondere mit einem hohen Anteil an Stammkundschaft, der sich an die Diskretionszone gewöhnt hat, berichten positiv von ihren Erfahrungen.

Schilder mit der Aufforderung zur Einhaltung eines Diskretionsabstandes werden inzwischen weniger argwöhnisch von den Kunden betrachtet und Diskretionsstreifen zur Markierung einer Wartelinie auf Fußböden nicht ignoriert. Auch das Personal am HV-Tisch empfindet den Abstand zwischen den Kunden als angenehm und sieht die Möglichkeit einer besseren individuellen Beratung.

Doch ist die Einrichtung einer „Diskretionszone" wirklich notwendig? Die Sicherstellung einer vertraulichen Beratung kann natürlich auch durch einen freundlichen verbalen Hinweis der Mitarbeiter an wartende Kunden geschehen. Letztlich ist es aber Aufgabe der Apotheke und nicht des Kunden, eine vertrauliche Beratung sicherzustellen. Das geschieht am besten durch Abstandshalter, Hinweisschilder oder Bodenmarkierungen. Pharmazieräte fordern insoweit (insbesondere bei Neueröffnungen von Apotheken) die Sicherstellung von Mindestabständen von zwei Metern zwischen den Bedienplätzen und zwischen Bedienplatz und den wartenden Kunden.

Merke
Schaffen Sie eine Diskretionszone.
Das erspart dem Apothekenpersonal lästige Diskussionen mit den Kunden zur Notwendigkeit eines Abstandes für eine vertrauliche Beratung.

1.3.3 Die Beratungsecke

Probate und im Regelfall erfolgreiche Mittel für eine vertrauliche Kundenberatung sind auch Beratungsecken beziehungsweise Beratungszimmer.

Jede Apotheke sollte über ein Beratungszimmer, zumindest aber über eine Beratungsecke verfügen.

Für folgende Lebenssachverhalte sollte die Beratungsecke zwingend genutzt werden:
- zum Anmessen von Kompressionsstrümpfen,
- für Blutuntersuchungen,
- für die Kundenberatung bei besonders sensiblen, intimen oder längere Zeit in Anspruch nehmenden Fragestellungen.

Beratungsecken oder Beratungszimmer müssen von der Offizin aus zugänglich sein.[29]

Merke
Nutzen Sie die Beratungsecke zweckentsprechend und nicht nur (wie in der Praxis häufig zu beobachten) für die Archivierung anderweitig schlecht unterzubringender Dokumente.

1.3.4 Die Videoüberwachung

Viele Apotheken überwachen die Offizin und dort insbesondere den Freiwahlbereich mit einer Videokamera. Gerade das große Angebot an Freiwahlartikeln und Kosmetika in den für Kunden zugänglichen Bereichen der Offizin führt zu einem erhöhten Diebstahlrisiko, dem zahlreiche Apotheken mit einer Videoüberwachung oder aber einer entsprechenden Attrappe begegnen.

Achtung
Videoüberwachung liegt auch vor, wenn nicht aufgezeichnet wird!

29 Ursula Sellerberg, Ulrich Krötsch, Diskretionszonen in jeder Apotheke, PZ 2007; 152: 1190–1191 und PZ online 2011, mit weiteren Nachweisen (Arbeitsgemeinschaft der Pharmazieräte, Leitsätze zur Vertraulichkeit der Beratung bei der Abgabe der Arzneimittel, 1997), abrufbar unter: www.pharmazeutische-zeitung.de/index.php?id=2851, *Zugriff am 09.04.2018*

Eine gesetzliche Regelung zur Videoüberwachung der **öffentlich zugänglichen** Bereiche der Apotheke, also der Offizin als Verkaufs- und Kassenraum, findet sich in § 4 DSAnpUG-EU = BDSG neu. Danach muss die Videoüberwachung öffentlich zugänglicher Räume u. a. zur Wahrnehmung des Hausrechts oder zur Wahrnehmung berechtigter Interessen für konkret festgelegte Zwecke erforderlich sein. Die Überwachung muss verhältnismäßig sein. Es dürfen keine Anhaltspunkte bestehen, dass schutzwürdige Interessen der betroffenen Kunden überwiegen.

Wichtig ist zunächst, dass eine nur angemessene Anzahl von Kameras (gemessen an der Größe des zu überwachenden Raumes) installiert wird. Die Kameras dürfen nicht zoom- und schwenkbar sein. Tonaufzeichnungen sind ebenfalls nicht zulässig.

Achtung

Wenn eine Videoüberwachung (oder eine entsprechende Attrappe) installiert wird, ist das deutlich sichtbar zu kennzeichnen.

Vorzugsweise sollte die Kennzeichnung durch ein Hinweisschild im Bereich der Tür geschehen, sodass Kunden rechtzeitig vor Betreten der Apotheke wissen, dass sie einen videoüberwachten Bereich betreten.

Gekennzeichnet werden müssen der Umstand der Überwachung (zum Beispiel durch ein Piktogramm) und Name und Kontaktdaten des Verantwortichen. Verantwortlich ist der Apothekeninhaber, der mit den Kontaktdaten der Apotheke zu benennen ist.

Nicht vergessen werden dürfen Hintereingänge und Zugänge zu Warenschleusen, sofern diese ebenfalls videoüberwacht werden.

Soweit die Videoüberwachung auch die Beschäftigten der Apotheke betrifft, ist zu beachten, dass diese frei von Überwachungsdruck arbeiten sollen. Eine permanente Überwachung einzelner oder aller Mitarbeiter der Apotheke ist unzulässig. Die Videoüberwachung muss zur Wahrung wichtiger betrieblicher Interessen erforderlich und verhältnismäßig sein. Auch hier ist die Videoüberwachung durch geeignete Maßnahmen, beispielsweise Hinweisschilder und/oder die Einholung der Unterschrift der Mitarbeiter unter einen entsprechenden schriftlichen Hinweis (z. B. bei Abschluss des Arbeitsvertrages), erkennbar zu machen.

Sinnvoll ist es darüber hinaus, schriftlich festzuhalten, welchem Zweck die Überwachung dienen soll, da eine Videoüberwachung massiv in Persönlichkeitsrechte eingreift.[30]

Eine Videoüberwachung in Bereichen der privaten Lebensgestaltung der Beschäftigten der Apotheke ist unzulässig. Sanitär- und Umkleideräumen oder Räume, die vom Mitarbeiter der Notdienstbereitschaft zum Schlafen genutzt werden, dürfen nicht überwacht werden.

30 C. Bake/B. Blobel/P. Münch (Hrsg.), Handbuch Datenschutz und Datensicherheit im Gesundheits- und Sozialwesen, 3. Auflage 2009, Kapitel 4.5.8, S. 80 f.

Achtung
Durch die Videoüberwachung dürfen Arbeitnehmer nicht permanent überwacht werden. Dies ist bei der Anbringung und Ausrichtung der Kameras zwingend zu beachten!

Die per Videoüberwachung erhobenen Daten dürfen nur einem berechtigtem Personenkreis (Apothekeninhaber) zugänglich sein. Sie müssen unverzüglich gelöscht werden, wenn sie zur Zweckerreichung nicht mehr erforderlich sind oder schutzwürdige Interessen der Betroffenen einer weiteren Speicherung entgegenstehen.[31] Bei einer Speicherdauer der Daten von mehr als einer Woche ist regelmäßig nicht von einer unverzüglichen Löschung auszugehen. Innerhalb einer Woche kann ein Diebstahl festgestellt und das Videomaterial ausgewertet werden.

Soll eine Videoüberwachung angeschafft werden, ist zwingend eine Datenschutz-Folgenabschätzung durchzuführen, an der der Datenschutzbeauftragte mitwirkt, siehe Kapitel 7.2 und Muster in Anhang 5.

1.3.5 CHECKLISTE RÄUMLICHKEITEN

- ☐ Ist sichergestellt, dass sich Kunden nicht unbemerkt innerhalb der Apothekenräume (Offizin) aufhalten?
- ☐ Ist eine Videoüberwachung beziehungsweise eine entsprechende Attrappe im Eingangsbereich deutlich sichtbar gekennzeichnet?
- ☐ Erfolgt die Videoüberwachung zur Wahrung des Hausrechts und in zulässigem Umfang (Anbringungsort, Anzahl, Ausrichtung, Speicherdauer, Zugriff)?
- ☐ Existiert eine durch Schilder oder Markierungen auf dem Fußboden ausgewiesene Diskretionszone vor den HV-Tischen?
- ☐ Gibt es eine Beratungsecke oder einen Beratungsraum? Wird diese(r) tatsächlich bei Gesprächen mit sensiblen Inhalten genutzt?
- ☐ Sind PC-Bildschirme auf den HV-Tischen so aufgestellt, dass diese nicht von Kunden eingesehen werden können?
- ☐ Werden Rezepte am HV-Tisch nur kurzzeitig und so verwahrt, dass sie für Dritte nicht sichtbar sind?
- ☐ Existiert ausreichender Schutz gegen Einbruch, Diebstahl und Elementarschäden?

1.4 Die Rezepte

Rezepte beziehungsweise Verschreibungen der Ärzte gehen täglich durch die Hände aller Mitarbeiter der Apotheke. Sie sind Urkunden und enthalten eine Vielzahl personenbezogener

31 § 4 Absatz 5 DSAnpUG-EU = BDSG neu

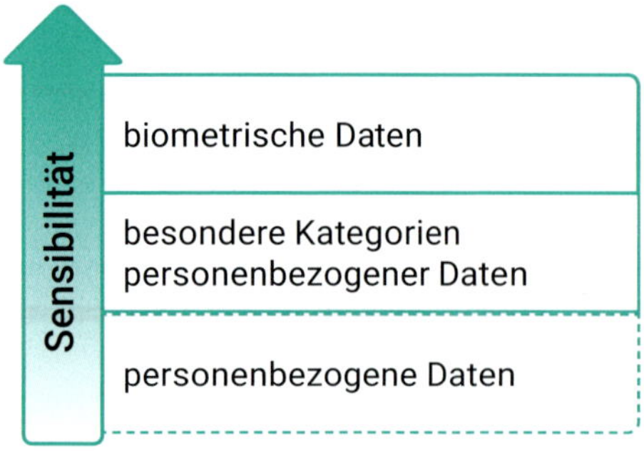

Abbildung 3: Personenbezogene Daten von unterschiedlicher Sensibilität

Daten und besonderer Kategorien personenbezogener Daten. Die in Abbildung 3 aufgeführten Daten sind datenschutzrechtlich betrachtet von Relevanz.

1.4.1 Personenbezogene Daten auf Rezepten

In der Datenschutz-Grundverordnung werden personenbezogene Daten wie folgt definiert:

> Art. 4 Nr. 1 personenbezogene Daten (inkl. betroffene Person)
> „[...] alle Informationen, die sich auf eine identifizierte oder identifizierbare natürliche Person (im Folgenden „betroffene Person") beziehen;
> als identifizierbar wird eine natürliche Person angesehen, die direkt oder indirekt, insbesondere mittels Zuordnung zu einer Kennung, wie einem Namen, zu einer Kennnummer, zu Standortdaten, zu einer Online-Kennung oder zu einem oder mehreren besonderen Merkmalen, die Ausdruck der physischen, physiologischen, genetischen, psychischen, wirtschaftlichen, kulturellen oder sozialen Identität dieser natürlichen Person sind, identifiziert werden kann; [...]"

Dazu gehören also beispielsweise Name, Vorname, Geburtsname, Geburtsdatum und -ort, Anschrift, Beruf und so weiter. Auf dem Rezept sind sie insbesondere bei den Angaben zum ausstellenden Arzt und den Angaben zum Patienten/Apothekenkunden zu finden.

Auch die Versichertennummer der Krankenkasse, die sich einer bestimmten Person zuordnen lässt, ist nach dieser Definition ein personenbezogenes Datum.

Darüber hinaus enthält das Rezept die verordnete Medikation und damit sogenannte besondere Kategorien personenbezogener Daten, die vom Gesetzgeber als besonders schützenswert erachtet werden und nach Art. 9 DS-GVO einem besonderen Verarbeitungsverbot unterliegen (siehe Kapitel 1.1).

Zu den Gesundheitsdaten gehören auch Angaben zu Allergien und Erkrankungen, die häufig im Rahmen der Kundenkartendaten von der Apotheke erfasst werden. Auch Krankheitstage der Apothekenmitarbeiter fallen unter den Begriff.

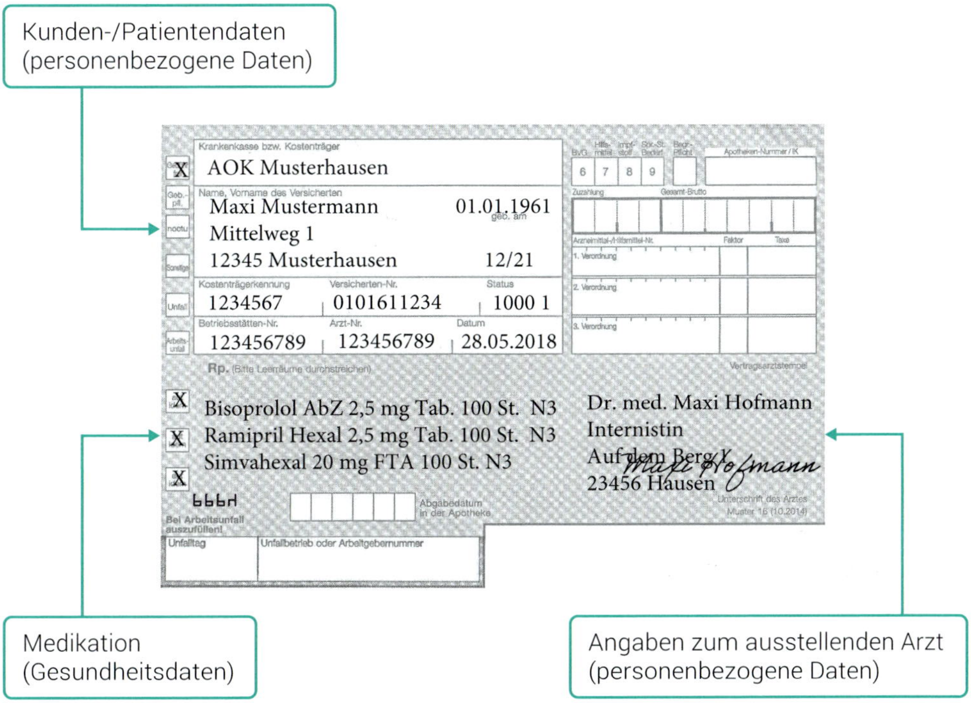

Abbildung 4: Personenbezogene Daten auf einer Verordnung

Rezepte enthalten damit eine Vielzahl besonders sensibler Daten und sind ausschließlich gemäß den gesetzlichen Vorgaben zu bearbeiten und abzurechnen (Abbildung 4).
Solange sich das Rezept in der Apotheke befindet, ist es unbedingt so zu verwahren, dass unbefugte Dritte keine Kenntnis vom Inhalt erlangen können. Auf die Probleme der Verwahrung auf dem HV-Tisch wurde bereits in Kapitel 1.3 eingegangen. Ist es aus Zeitmangel nicht möglich, das Rezept sofort vom HV-Tisch zu entfernen, schaffen das Umdrehen des Rezeptes oder eine farbige Klarsichthülle (Schrift nicht lesbar) Abhilfe.

Sofern zum Inhalt des Rezeptes Unklarheiten bestehen, sollten diese unbedingt mit Kenntnis des Kunden und dessen Einverständnis mit dem das Rezept ausstellenden Arzt besprochen werden. Das Telefonat muss so geführt werden, dass andere Kunden es nicht mithören können. Die Offizin ist damit kein geeigneter Ort für telefonische Rückfragen.

Privatrezepte und nicht mehr benötigte Rezeptkopien sind unbedingt so zu vernichten, dass ihr Inhalt nicht mehr rekonstruierbar ist (Aktenvernichter benutzen!).

Tipp
Sollte Ihre Apotheke noch nicht über einen Aktenvernichter verfügen, müssen Sie sich diesen unbedingt zulegen (vor dem Kauf Kapitel 2.1 lesen)!

Eine einfache Entsorgung über den Hausmüll kommt ebenso wenig in Betracht wie das Wegwerfen von einfach per Hand zerrissenen Dokumenten in den Papierkorb.

Merke

Rezepte werden in der Apotheke ständig bearbeitet und in der Offizin in Gegenwart anderer Kunden von Ihren Mitarbeitern entgegengenommen.

Sie enthalten besondere Kategorien personenbezogener Daten und sind daher besonders sorgfältig zu behandeln.

1.4.2 CHECKLISTE REZEPTE

- ☐ Ist sichergestellt, dass Rezepte auf dem HV-Tisch nicht vom nächsten Kunden gesehen/gelesen werden können?
- ☐ Werden Rezeptkopien, die aus gesetzlichen Gründen aufbewahrt werden müssen, so gelagert, dass Unbefugte keinen Zugriff haben?
- ☐ Werden nicht mehr benötigte Rezeptkopien oder Privatrezepte sicher entsorgt?
- ☐ Werden offene Fragen zu Rezepten mit dem entsprechenden Arzt mit Einwilligung des Kunden und so geführt, dass andere Kunden keine Möglichkeit zum Mithören haben?

1.4.3 Statistiken in der Apotheke

Viele Apotheken machen anhand der Kundenkartendaten statistische Erhebungen, um gezielt zu Informationsveranstaltungen einzuladen oder Bedarfsermittlungen zur Medikamentenabgabe durchzuführen. Zum Teil werden dafür einfach die gesammelten Kundenkartendaten ausgedruckt.

Gerade für statistische Erhebungen und immer dann, wenn es zum Schutz der personenbezogenen Daten möglich und mit einem nicht unverhältnismäßigen Aufwand verbunden ist, sind diese zu anonymisieren. Die Anonymisierung führt dazu, dass die betroffene Person nicht oder nicht mehr identifiziert werden kann und die DS-Grundverordnung keine Anwendung findet.[32]

Anwendungsvoraussetzung der Datenschutz-Grundverordnung sind personenbezogene Daten – siehe Kapitel 1.1.

Beispiel

Wird die Altersstruktur der Kunden analysiert, um den Bedarf für eine Veranstaltung zur Stärkung von Herz und Kreislauf im Alter 60+ zu ermitteln, so reicht es, das Geburtsjahr der Kunden unabhängig von den Personen, Geburtstagen und Geburtsorten zu erfassen und auszuwerten. Bei der Vielzahl der Kunden ist eine Zuordnung allein über das Geburtsjahr nicht mehr möglich.

32 Erwägungsgrund 26 Satz 5 und 6 DS-GVO

Unter dem Pseudonymisieren versteht man die „Verarbeitung personenbezogener Daten in einer Weise, dass die personenbezogenen Daten ohne Hinzuziehung zusätzlicher Informationen nicht mehr einer spezifischen betroffenen Person zugeordnet werden können,

- sofern diese zusätzlichen Informationen gesondert aufbewahrt werden
- und technischen und organisatorischen Maßnahmen unterliegen, die gewährleisten, dass die personenbezogenen Daten nicht einer identifizierten oder identifizierbaren natürlichen Person zugewiesen werden".[33]

Achtung
Pseudonymisierte Daten können damit weiterhin vom Anwendungsbereich der Datenschutz-Grundverordnung erfasst sein, sofern eine Zuordnung noch möglich ist! Allerdings handelt es sich bei der Pseudonymisierung um eine technisch-organisatorische Maßnahme zur Gewährleistung des Datenschutzes.

Beispiel
Häufig teilen die Apotheken an Hersteller von Hilfsmitteln (Kompressionsstrümpfe) auch personenbezogene Daten wie Name und Anschrift mit, die zur Fertigung der Kompressionstrümpfe jedoch nicht benötigt werden. Neben den Maßen ist daher beispielsweise eine Kundennummer, die die Zuordnung der Kompressionsstrümpfe in der Apotheke ermöglicht, völlig ausreichend.

Fehlt der Personenbezug, gibt es keine Konfrontation mit dem Datenschutz. Daher ist jeder Umgang mit personenbezogenen Daten daraufhin zu prüfen, ob eine Anonymisierung, hilfsweise aber eine Pseudonymisierung möglich ist.[34] In der Apotheke ist dies vor allem für Statistiken und Datenübermittlungen denkbar.

Merke
Anonymisierung und Pseudonymisierung sind wichtige Instrumente zur Umsetzung des Datenschutzes. Sie müssen immer eingesetzt werden, wenn dies mit vertretbarem Aufwand möglich ist.

1.4.4 CHECKLISTE STATISTIK

- ☐ Werden personenbezogene Daten für Statistiken anonymisiert?
- ☐ Wird in der Apotheke beim Umgang mit Daten geprüft, ob ein Anonymisieren oder Pseudonymisieren der personenbezogenen Daten möglich ist und wird dieses auch tatsächlich getan?

33 Art. 4 Nr. 15 DS-GVO
34 Tim Wybitul, Handbuch Datenschutz im Unternehmen, 1. Auflage 2011, Rdnr 91, S. 45

1.5 Die Dokumentation

In der Apotheke obliegt dem pharmazeutischen Personal eine Vielzahl von Dokumentationspflichten. Diese ergeben sich aus zahlreichen Rechtsvorschriften (BtMVV, AMG usw.), insbesondere aber aus der Apothekenbetriebsordnung (ApBetrO). Wichtige Bestimmungen zu den Dokumentationspflichten finden sich in § 22 ApBetrO „Dokumentation".

1.5.1 Zu dokumentierende Sachverhalte

Die Dokumentation betrifft insbesondere die in Tabelle 4 zusammengestellten Sachverhalte.

Zu dokumentierender Sachverhalt	Besonderheiten	Gesetzliche Regelung
Betäubungsmittel	regelmäßige Bestandskontrolle zum Ende des Monats und Vergleich, zahlreiche Formalien!	§§ 12–14 BtMVV
Herstellungsanweisung für Rezeptur Herstellungsprotokoll für Rezeptur Prüfprotokoll für Rezeptur		§§ 7, 14 ApBetrO
Herstellungsanweisung für Defektur Herstellungsprotokoll für Defektur Prüfanweisund und Prüfprotokoll für Defektur		§ 8 ApBetrO
Prüfprotokoll für Ausgangsstoffe		§§ 6, 11 ApBetrO
Prüfprotokoll für Fertigarzneimittel	stichprobenweise Prüfung, mindestens 1 Arzneimittel pro Tag, mind. 20 pro Monat	§ 12 ApBetrO
Dokumentation über die Einfuhr von Arzneimitteln		§ 18 ApBetrO § 73 AMG
Erwerb und Abgabe von verschreibungspflichtigen Tierarzneimitteln	zeitlich geordnete Nachweisführung, mindestens einmal jährlich Kontrolle Abgabe und Bestand	§ 19 ApBetrO
Meldung festgestellter Arzneimittelrisiken	AMK-Berichtsbögen	§ 21 ApBetrO
Dokumentation der veranlassten Maßnahmen bei Rückruf, Chargensperrung, Arzneimittelfälschung oder der Vernichtung von Arzneimitteln aufgrund von Rückrufen	Rückrufformular und Dokumentationsbögen	§ 21 ApBetrO
Erwerb und Abgabe von Produkten, die unter das Transfusionsgesetz fallen		§§ 17, 22 ApBetrO § 14 TFG
Wichtige Mitteilungen der Apothekerkammer		

Tab. 4: Im Apothekenbetrieb zu dokumentierende Sachverhalte[35]

35 Einen **guten Überblick zu den wichtigsten Dokumentationspflichten** in der Apotheke gibt Ute Stapel in „Dokumentieren in der Apotheke", Govi-Verlag, 2. Auflage 2016.

Insbesondere im Rahmen der Dokumentation zu den Betäubungsmitteln, den Tierarzneimitteln und den Produkten, die unter das Transfusionsgesetz fallen, werden besondere Kategorien personenbezogener Daten verarbeitet.

Sowohl Angaben zum Kunden als auch zu den abgegebenen Betäubungs-/Arzneimitteln werden langfristig durch die Apotheke dokumentiert. Es ist daher unbedingt darauf zu achten, dass jede Dokumentation, die personenbezogene Daten enthält, so verwahrt wird, dass eine Kenntnisnahme durch unbefugte Dritte ausgeschlossen ist.

Dokumentationen erfolgen in der Apotheke sowohl in Papierform als auch mittels elektronischer Datenverarbeitung. Soweit die Aufzeichnungen auf Datenträgern vorgenommen und aufbewahrt werden, muss sichergestellt sein, dass die Daten während der Aufbewahrungsfrist in unveränderter Form verfügbar sind und innerhalb einer angemessenen Frist lesbar gemacht werden können.[36]

Um die zu archivierenden Papiermengen in einem überschaubaren Maß zu halten, sollten die Dokumente nach Ablauf der gesetzlichen Aufbewahrungsfristen gesichtet und, soweit möglich, vernichtet werden. Eine Auswahl relevanter Aufbewahrungsfristen findet sich in Kapitel 2.2. Mit Blick auf die zum Teil recht lange Aufbewahrungsdauer ist sicherzustellen, dass eine Archivierung so erfolgt, dass das Speichermedium auch nach langer Zeit noch uneingeschränkt nutzbar ist.

Merke

Die Dokumentation erfordert ein großes Maß an Sorgfalt, da insoweit detaillierte gesetzliche Bestimmungen existieren und die Dokumentation bei Kontrollen (nicht nur datenschutzrechtlicher Natur) häufig überprüft wird.

1.5.2 CHECKLISTE DOKUMENTATION

- ☐ Sind den Apothekenmitarbeitern die zu dokumentierenden Sachverhalte bekannt?
- ☐ Erfolgt die Dokumentation gründlich und wird sie so verwahrt, dass unbefugte Dritte keine Kenntnisnahmemöglichkeit haben?
- ☐ Werden die Aufbewahrungsfristen berücksichtigt?
- ☐ Sind archivierte Dokumente jederzeit auffindbar und so gelagert, dass auch nach langer Zeit ein Zugriff auf die unveränderten Daten möglich ist?
- ☐ Wird bei der Archivierung auf Datenträgern gewährleistet, dass diese auch nach langer Zeit noch les- und nutzbar sind?

36 Apothekenbetriebsordnung, neugefasst durch Bekanntmachung v. 26.9.1995 (BGBl. I S. 1195); zuletzt geändert durch Art. 11 des Gesetzes v. 18.07.2017, § 22 Absatz 2 ApBetrO

1.6 Die Kundenkarte

Die große Mehrzahl der Apotheken hat die Kundenkarte als Instrument der Kundenbindung und der effizienten Werbung für die eigenen Leistungen eingeführt. Flyer künden von einer Vielzahl an Vorteilen, die eine Kundenkarte mit sich bringt.
Die Stammkundschaft der Apotheken verfügt zu einem sehr hohen Prozentsatz über die Kundenkarte. Gängig sind auch sogenannte Partner- oder Familienkundenkarten. Datenschutzrechtlich brisant ist dies deshalb, weil auf diesem Wege personenbezogene und besondere Kategorien personenbezogener Kundendaten ihren Weg in die Apotheke finden. Nachstehend findet sich das **Muster** einer Kundenkarte (auch als Anhang 4), anhand dessen die sich stellenden Probleme erörtert werden sollen.

KUNDENKARTE DER MUSTER-APOTHEKE/MUSTERSTADT

Das bietet Ihnen die persönliche, kostenlose Kundenkarte unserer Apotheke:
Wir speichern neben ihren unten angegebenen Daten auf Basis dieser Einwilligung in unserer Apotheke elektronisch in einer Kundendatei auch Gesundheitsdaten, insbesondere Rezeptdaten wie Medikamente und sonstige Arzneimittel und Produkte, die Sie in unserer Apotheke käuflich erwerben. Auf Basis dieser Daten beraten Sie unsere Mitarbeiter umfassend und bestmöglich und wissen, welche Medikamente Sie bislang in unserer Apotheke erhalten haben. Wir prüfen Ihre Arzneimittel auf Wechselwirkungen und Arzneimittelunverträglichkeiten.
Wir wissen, ob Sie von Zuzahlungen befreit sind. Ihre Befreiungsbescheinigung müssen Sie nur einmalig vorlegen.
Wir erstellen für Sie auf Basis der in der Apotheke gespeicherten Daten eine Sammelquittung (Zuzahlungsbescheinigung) für die Rückerstattung von Rezeptgebühren durch die Krankenkasse oder für das Finanzamt.

Ja, ich möchte von den vielen Vorteilen der Kundenkarte profitieren und beantrage die Ausstellung einer Kundenkarte.

Name/Vorname: ____________________
Anschrift: ____________________
Geburtsdatum*: ____________________
Telefonnummer*: ____________________
Bekannte Allergien*: ____________________
Krankenkasse*: ____________________
Zuzahlungsbefreiung*: __________ falls ja, bis*: __________
Hausarzt*: ____________________
**freiwillige Angaben*

☐ Durch das Kreuzen dieses Kästchens erkläre ich ausdrücklich meine Einwilligung zur Speicherung, Verarbeitung und Nutzung meiner vorstehend genannten Daten durch die Muster-Apotheke. Diese Einwilligung bezieht sich auch auf alle Gesundheitsdaten, das heißt Daten zu Medikationen und zu Arzneimitteln und Produkten, die ich in der Muster-Apotheke erhalte beziehungsweise erwerbe.

Einwilligung in werbliche Maßnahmen:
Weiterhin genießen Sie folgende Vorteile, wobei die in der Apotheke gespeicherten personenbezogenen Daten genutzt werden:
Wir laden Sie persönlich per Post/telefonisch/per E-Mail zu Informationsveranstaltungen in unserer Apotheke ein.
Wir informieren Sie per Post/telefonisch/per E-Mail über unsere besonderen Aktionen und Veranstaltungen.
Wir gratulieren persönlich zu besonderen Anlässen und haben eine kleine Überraschung für Sie.

☐ Durch das Kreuzen dieses Kästchens erkläre ich ausdrücklich meine Einwilligung zur Speicherung, Verarbeitung und Nutzung meiner personenbezogenen Daten für Werbezwecke.

Eine Weitergabe der Kundenkartendaten an unbefugte Dritte findet nicht statt.
Spätestens ...... Jahre nach meinem letzten Besuch in der Apotheke (letzte Speicherung in die Kundendatei) werden die Daten gelöscht.

Diese Einwilligungserklärung kann von mir jederzeit mit Wirkung für die Zukunft gegenüber der Apotheke widerrufen werden. Im Fall des Widerrufs kann ich die Vorteile der Kundenkarte nicht mehr nutzen.

Die Belehrung zu den datenschutzrechtlichen Informationspflichten (Art. 12 und Art. 13 Datenschutz-Grundverordnung) habe ich vor Unterzeichnung der Einwilligungserklärung zur Kenntnis genommen.

Für Fragen zum Datenschutz steht mir der Datenschutzbeauftragte der Apotheke zur Verfügung.
Muster-Apotheke, Musterstadt
Datum ____________________
Unterschrift ____________________

Abbildung 5: Musterangebot für eine Kundenkarte

1.6.1 Die Einwilligungserklärung

Die datenschutzrechtliche Einwilligung ist im Gesetz geregelt.[37] Sie muss sich sowohl auf die personenbezogenen Daten als auch ausdrücklich auf die Gesundheitsdaten beziehen. Da die Kunden im Regelfall die Kundenkarte der Apotheke erhalten möchten, füllen sie persönlich einen entsprechenden Antrag mit Einwilligungserklärung vor Ort in der Apotheke aus. Die Einwilligungserklärung muss klar, deutlich und in verständlichen Sätzen formuliert sein.

Die Einwilligung muss freiwillig abgegeben werden, was mit Blick auf die sensiblen Gesundheitsdaten ein besonderes Gewicht hat. Insbesondere ist es unzulässig, die Einwilligung an die Erfüllung von Verträgen oder das Erbringen von Dienstleistungen zu koppeln, die mit der Kundenkarte und ihrem Leistungsspektrum nichts zu tun hat.[38]

Transparenz und eine eindeutig dokumentierte Willensbekundung des Kunden erreicht man zum Beispiel durch ein vom Kunden anzukreuzendes Kästchen (siehe Muster Abbildung 5).

Achtung
Allerdings muss dann unbedingt darauf geachtet werden, dass das Kreuz (sofern gewollt) vom Kunden auch gesetzt wird. Diesbezügliche Kontrollen in Apotheken haben ergeben, dass das sehr oft übersehen wird, obwohl die Kunden den Kundenkartenantrag komplett befürworten.
Das sollte bereits bei der optischen Gestaltung des Kundenkartenantrages berücksichtigt werden. Keinesfalls darf das Kästchen bereits „vorangekreuzt" sein.

Da die Einwilligungserklärung der einzige Nachweis zur Berechtigung der Erhebung und Speicherung der Kundendaten ist, sollte diese (wie im vorliegenden Muster) immer **schriftlich** eingeholt werden. Das Original muss in der Apotheke verbleiben. Da es sich bei den Kundendaten um sehr sensible Daten handelt, darf darauf keinesfalls verzichtet werden. Hinzu kommt, dass die schriftliche Einwilligungserklärung im Streitfall der einzige Beleg für die rechtmäßige Erhebung, Verarbeitung und Nutzung der Kundendaten ist.
In folgenden Fällen ist von einer Verwendung der Kundenkartendaten dringend abzuraten:
- der Kunde verweigert seine Unterschrift,
- die Einwilligung wurde lediglich mündlich erteilt,
- eine schriftliche Einwilligung ist aus anderen Gründen bislang nicht eingeholt worden.

Tipp
Viele Apotheken haben die Betreuung von Pflegeheimen übernommen. Erfahrungsgemäß ist es für die Apotheke schwierig, die Einwilligung von allen einzelnen Heimbewohnern einzuholen. Bitten Sie die Heimleitung deshalb, bereits beim Abschluss der Pflegeverträge mit den Bewohnern deren Einwilligung für eine Versorgung durch die Apotheke einschließlich der Speicherung der dazu erforderlichen Daten einzuholen. Stellen Sie den Heimen gegebenenfalls ein entsprechendes Formular zur Verfügung.

37 Art. 6 Abs. 1 S. 1a DS-GVO, Art. 7 DS-GVO
38 Art. 7 Abs. 4 DS-GVO sog. „Koppelungsverbot"

Weiterhin wird verlangt, dass der betroffene Kunde über Art, Umfang und Zweck der Verwendung der Daten und alle potenziellen Übermittlungsempfänger zu unterrichten ist. Sofern die Daten auch in **Filialapotheken** genutzt werden sollen, muss das ausdrücklich im Kundenkartenantrag aufgeführt werden. Das gebietet das **Transparenzgebot**. Für den betroffenen Kunden soll erkennbar sein, was mit seinen Daten geschieht.

Die Ausstellung der Apothekenkundenkarte und die darauf basierenden Datenerhebungen und Datenverarbeitungen müssen auf der ausdrücklichen Einwilligung des Betroffenen beruhen.

Die Einwilligung ist **optisch hervorzuheben**, wenn sie mit anderen Erklärungen erteilt wird. Das ist bei Antragsformularen auf Erteilung einer Kundenkarte der Fall.[39] Keinesfalls darf, zum Beispiel aus Platzgründen, die Einwilligungserklärung so klein gedruckt ausfallen, dass sie kaum lesbar ist oder übersehen werden kann. Man kann diese aber farblich, fett gedruckt oder eingerahmt gestalten.

Die Einwilligung ist **vor der Datenverarbeitung** zu erteilen. Es hilft daher nicht, wenn ein Jahr lang alle Daten gespeichert werden und dann erst eine Einwilligung eingeholt wird.

Auch bei längerer Nichtnutzung der Kundenkarte sollte der Kunde ausdrücklich angesprochen werden, ob er die Kundenkarte weiter nutzen möchte. Das ist beispielsweise angebracht, wenn der Kunde seit einem Jahr nicht mehr in der Apotheke war.

Erfasst werden sollten nur Daten, die auch wirklich benötigt werden – **Grundsatz der Datenminimierung**. So wird beispielsweise eine Abfrage von Geburtsort, Familienstand oder Hochzeitstag für die Kundenkarte nicht notwendig sein.

Hinweis

Die Wettbewerbszentrale hat nach Sichtung von Apothekenkundenkarten darauf hingewiesen, dass es sich lediglich bei Name und Anschrift um Pflichtangaben handelt. Alle anderen Angaben, insbesondere auch Geburtsdatum und Telefonnummer, seien lediglich freiwillige Angaben und als solche zu kennzeichnen.[40] Da allerdings gerade das Geburtsdatum für die Abgabe bestimmter Arzneimittel und eine schnelle Erreichbarkeit (zum Beispiel bei schnellem Rückruf von Medikamenten) wichtig sind, empfiehlt sich bei Abgabe der Einwilligung ein freundlicher Hinweis, warum diese freiwilligen Angaben für die Apotheke wichtig sind.

Der Kunde hat das Recht, seine Einwilligung jederzeit mit Wirkung für die Zukunft zu **widerrufen**. Darüber ist schriftlich zu belehren.[41] Ein Widerruf des Kunden muss (auch in der EDV) so kenntlich gemacht werden, dass nicht „versehentlich" weitere Daten gespeichert werden oder auf „Altdaten" zugegriffen wird.

Der Widerruf führt nicht dazu, dass die bislang erfolgten Datenspeicherungen auf Basis der Kundenkarte unzulässig sind und gelöscht werden müssen. Der Widerruf selbst wirkt lediglich für die Zukunft.

39 Tim Wybitul, Handbuch Datenschutz im Unternehmen, 1. Auflage 2011, S. 236, Kommentar zu § 4 a Absatz 1 Satz 3 u. 4 BDSG, Ziffer 2 c
40 Wettbewerbszentrale im „E-Mail-Service Apotheken" vom 27.9.2016, Ass. Jur. Tina Weigand
41 Art. 7 Abs. 3 DS-GVO

Allerdings steht dem Kunden bei einem Widerruf der Einwilligung die Möglichkeit offen, die Löschung der über ihn in der Apotheke gespeicherten Daten zu verlangen.[42] Dem Löschungsbegehren muss nachgekommen werden, sofern nicht ein der Löschung entgegenstehender Grund, zum Beispiel eine rechtliche Verpflichtung (gesetzliche Aufbewahrungsfrist) entgegensteht.[43]

Über dieses Löschungsrecht wird der Kunde in der Belehrung zu den datenschutzrechtlichen Informationspflichten informiert – siehe dazu Kapitel 6.1.

Ob der Hinweis auf den Löschungsanspruch nach Art. 17 DS-GVO mit in den Kundenkartenantrag selbst aufgenommen werden muss, ist bislang unklar, zumal keinerlei Rechtsprechung oder praktische Erfahrungen zum Umgang mit den Informationspflichten nach Art. 12 ff. DS-GVO vorliegen. Art. 7 DS-GVO (Einwilligung) enthält nur die Belehrungspflicht zum Widerruf. Der Hinweis auf die Löschungsanspruch und weitere Betroffenenrechte erfolgt im vorliegenden Muster der Einwilligungserklärung über den Satz: „Die Belehrung zu den datenschutzrechtlichen Informationspflichten (Art. 12 und Art. 13 Datenschutz-Grundverordnung) habe ich vor Unterzeichnung der Einwilligungserklärung zur Kenntnis genommen."

Den Informationspflichten sollte die Apotheke durch einen Aushang/Flyer in der Offizin nachkommen, siehe Muster im Anhang 6 und Kapitel 6.1.

Denkbar ist auch, dem Kunden vor der Unterzeichnung der Einwilligung ein Exemplar der Informationspflichten auszuhändigen. Dann empfiehlt sich die Formulierung: „Die Belehrung zu den datenschutzrechtlichen Informationspflichten (Art. 12 und Art. 13 Datenschutz-Grundverordnung) habe ich vor Unterzeichnung der Einwilligungserklärung ausgehändigt bekommen und zur Kenntnis genommen."

Merke
Die schriftliche Einwilligung zur Speicherung der Kundendaten ist vor der Datenerhebung beim Kunden einzuholen und optisch hervorzuheben.
Der Kunde sollte nur die Daten angeben (müssen), die von der Apotheke auch tatsächlich benötigt werden.

1.6.2 Aufbewahrung

Die Einwilligungserklärungen müssen an einem geeigneten Ort sicher aufbewahrt werden. Der Zugriff für Unbefugte ist auszuschließen. Ein „offener Keller" ist damit keine geeignete Lagerstätte. Auch Regalkapazitäten in der Offizin kommen nicht infrage. Selbstverständlich muss die Archivierung so erfolgen, dass die Erklärung eines bestimmten Kunden auch wiedergefunden wird. Eine alphabetische Sortierung ist daher sinnvoller als eine chronologische Ablage.

42 Art. 17 Abs. 1 lit. b DS-GVO
43 Art. 17 Abs. 3 DS-GVO

Zur Gewährleistung der **Datenqualität** ist darauf zu achten, dass alle Kundenangaben und späteren Speicherungen korrekt erfolgen. Festgestellte Fehler sind sofort zu korrigieren. Kundenkartendaten, welche mehrere Jahre nicht benutzt wurden, sind zu löschen. Kunden, die die Apotheke drei Jahre nicht mehr aufgesucht haben, sind im Regelfall weggezogen, verstorben oder inzwischen Kunden einer anderen Apotheke.

Achtung
Einige Steuerberater vertreten die Auffassung, dass die Kundenkartendaten für die Zuzahlungsbescheinigungen zu Rezeptgebühren zur Vorlage beim Finanzamt steuerliche Relevanz haben und die Kundendaten nebst Einwilligungserklärung deswegen einer Aufbewahrungsfrist von 10 Jahren unterliegen.

In der Einwilligungserklärung sollte darauf hingewiesen werden, wann die Daten bei Nichtnutzung der Kundenkarte gelöscht werden.

Sofern die Kundenkarten-Flyer häufiger geändert werden und lediglich die Einwilligungserklärung mit den personenbezogenen Daten abgetrennt und aufbewahrt wird, sollte die Apotheke nicht vergessen, auch ein komplettes Exemplar des Flyers aufzubewahren. Gerade wenn sich die Kundenkartenvorteile von Zeit zu Zeit ändern, ist sonst nicht mehr nachvollziehbar, auf welche konkreten Leistungen der Apotheke sich die Einwilligung eines bestimmten Kunden genau bezieht.

Merke
Die Einwilligungserklärung muss sicher vor dem Zugriff Unbefugter verwahrt und so archiviert werden, dass ein Auffinden der Einwilligungserklärung eines bestimmten Kunden jederzeit möglich ist.

1.6.3 Praxisprobleme: Vollständigkeit und Werturteilsfreiheit

Ein häufiges **Praxisproblem** besteht darin, dass die Einwilligungserklärungen zur Kundenkarte nicht alles umfassen, was die Apotheke den Kunden an Leistungen mit der Kundenkarte anbietet (fehlende **Vollständigkeit**).

So werden Bonusaktionen angeboten, Fragebögen zur Ermittlung der Kundenzufriedenheit übersandt, Kunden zu Informationsveranstaltungen persönlich eingeladen oder die Apotheke versendet Glückwunsch- und/oder Weihnachtskarten. Das geschieht häufig, ohne diese Leistungen auf dem Formular des Kundenkartenantrages und der Einwilligungserklärung aufzuführen. Ein solches Verhalten stellt einen leicht erkennbaren Verstoß gegen den Datenschutz dar, da eine entsprechende Einwilligung des Kunden fehlt.

In der Praxis führt dies meist dann zu Problemen, wenn verstorbene Kunden Geburtstagskarten erhalten und Angehörige dies monieren oder bei laufendem Scheidungsverfahren zur goldenen Hochzeit gratuliert wird.

Die Kundenkarteneinwilligung muss alle Leistungen der Apotheke abdecken, die diese auf der Basis der Kundenkarte anbietet. Dies gilt ganz besonders für jede Form werblicher Maßnahmen, die gern vergessen werden. Die Apotheke ist deshalb gefordert, den Vordruck für eine Einwilligung des Kunden entsprechend zu gestalten.

Sofern im Rahmen des **Medikationsplanes** eines Kunden personenbezogene Daten in der Apotheke ganz oder teilweise elektronisch verarbeitet werden, ist ebenfalls eine entsprechende Einwilligung des Kunden für genau diesen Sachverhalt notwendig. Erfolgt eine rein ausschließlich manuelle Verarbeitung personenbezogener Daten, z. B. durch handschriftliche Eintragungen auf einem Papierformular, ohne eine später beabsichtigte digitale Speicherung, unterfällt die Datenverarbeitung nicht dem Anwendungsbereich der Datenschutz-Grundverordnung.[44] Es bedarf dann keiner schriftlichen Einwilligung des Kunden.

Ein wichtiger Grundsatz, der bei der Speicherung der Kundendaten in der EDV eine Rolle spielt, ist die **Werturteilsfreiheit**. Der Apothekenmitarbeiter darf keine persönlichen, subjektiven Einschätzungen zur Person des Kunden speichern. Diese können sich beispielweise auf die Umgänglichkeit oder Kreditwürdigkeit beziehen. Man sollte daher Hinweise wie „Querulant", „bösartig" oder ähnliche Bemerkungen unbedingt unterlassen. Zulässig dürfte hingegen eine Tatsachenfeststellung wie „offene Rechnung vom 01.03.2018" sein.

Merke
Die Kundenkartenformulare müssen ausnahmslos alles beinhalten, was die Apotheke mit den Kundenkartendaten beabsichtigt.
Die Kundendaten müssen werturteilsfrei gespeichert werden.

1.6.4 Auskünfte auf Basis der Kundenkarte

Auskünfte auf Basis der Kundenkarte dürfen nur an den betroffenen Kunden selbst erfolgen. Mit Blick auf die Risiken einer Schweigepflichtverletzung sollte man im Zweifel verlangen, dass die Kundenkarte und/oder der Personalausweis vorgelegt werden. Bei bekannter Stammkundschaft ist das natürlich nicht erforderlich.

Probleme bereitet in der Praxis aber eher der Umstand, dass die Apothekenmitarbeiter häufig auch von Angehörigen gebeten werden, bestimmte Medikationen oder Dosierungen auf Basis der gespeicherten Kundenkartendaten mitzuteilen oder Zuzahlungsbescheinigungen für den Ehepartner mitzugeben. Aus Gründen der Schweigepflicht (§ 203 StGB) und des Datenschutzes verbieten sich solche Auskünfte. Meistens ist dem Apothekenmitarbeiter die aktuelle familiäre Situation nicht bekannt.

Wurde vorher nicht ausdrücklich vom Betroffenen erbeten, die Bescheinigung einer anderen Person mitzugeben, sollte man aus den vorstehenden Gründen unbedingt davon absehen. Das kann natürlich auch zu Unmut beim Angehörigen vor Ort führen, dem man sich mit Blick auf die drohenden Sanktionen aber stellen sollte. Häufig führt ein freundlicher Hinweis

44 vergleiche Erwägungsgrund 15 DS-GVO

auf Schweigepflicht und Datenschutz, die ja auch der Angehörige für sich in Anspruch nimmt, zu einem gewissen Verständnis für das Problem.

Wenn man aus Gründen der Kundenzufriedenheit dennoch in Erwägung zieht, eine Zuzahlungsbescheinigung auszustellen, sollte man diese an den Betroffenen direkt per Post übersenden oder vorher telefonischen Kontakt zum betroffenen Kunden aufnehmen.

Zum Vergleich: Das Öffnen der Post an den Ehegatten erfüllt den Straftatbestand der Verletzung des Briefgeheimnisses gemäß § 202 StGB.[45] Durch die Eheschließung wird man also nicht zum „berechtigten Informationsempfänger" für den Ehegatten.

Noch brisanter wird das Ganze bei telefonischen Anfragen. Das Apothekenpersonal ist dahingehend zu sensibilisieren, dass telefonische Auskünfte zu Kundendaten einschließlich Medikation etc. nicht gegeben werden dürfen. Gerade am Telefon ist die sichere Identifikation des Anrufers ausgeschlossen.

Merke
Auskünfte zu den gespeicherten Kundendaten darf nur der betroffene Kunde selbst erhalten.

1.6.5 Umgang mit Kundendaten bei Wechsel des Apothekeninhabers

Erhebliche Probleme bereitet die Verwendung von Kundendaten bei einem Wechsel des Inhabers der Apotheke.

Der Kunde erklärt die Einwilligung in die Datenspeicherung auf Basis der Kundenkarte gegenüber dem aktuellen Inhaber der Apotheke. Wechselt der Inhaber im Falle des Apothekenverkaufs, ist es unzulässig und ein schwerwiegender Verstoß gegen den Datenschutz, die Daten einfach an den neuen Inhaber weiterzugeben.

Von daher steht der alte Inhaber vor der praktischen Herausforderung, seine Kunden über den Inhaberwechsel zu informieren und diese zu bitten, einer Datenweitergabe an den Neuinhaber zuzustimmen. Gerade bei einem großen Kundenstamm oder einer kurzfristigen Veräußerung der Apotheke führt dies zu einem erheblichen Zeit- und Personalaufwand. Dem Neuinhaber ist eine solche Maßnahme nicht möglich, da er ohne die vorherige Einwilligung des Kunden nicht im Besitz der Kundendaten (einschließlich Adresse etc.) sein darf. Auch darf der neue Apothekeninhaber bei Neueinholung einer Einwilligung nach Geschäftsübernahme nicht ohne weiteres auf die „Altdaten" der Kunden zugreifen.[46]

Ein denkbarer Weg ist es, bereits in die Einwilligungserklärung des Kunden zur Kundenkarte aufzunehmen, dass seine Einwilligung auch für den Fall eines Inhaberwechsels gegenüber dem neuen Inhaber (namentliche Benennung) weitergelten soll. Mit Blick darauf, dass es dem Kunden häufig um die insgesamt gute Betreuung in seiner Apotheke, deren Erreichbarkeit und Service und weniger um den Inhaber in Person geht, dürfte dies ein möglicher Weg sein, Probleme bei der Weitergabe der Kundendaten an den Neuinhaber zu vermeiden, sofern es

45 Thomas Fischer, Strafgesetzbuch und Nebengesetze, 64. Auflage 2017, § 202 StGB, Rdnr 13
46 Patricia Kühnel „Kundenkarte und Datenschutz", in Rundschreiben Apothekerkammer Berlin 3/2014, S. 17

nicht rechtzeitig gelingt, von allen Kundenkartenkunden vorher die notwendige Einwilligung für die Weitergabe an den Neuinhaber einzuholen.[47] Ob dieser pragmatische Weg von Aufsichtsbehörden und Gerichten akzeptiert wird, bleibt abzuwarten.

Achtung
Dokumentationen und Unterlagen des bisherigen Apothekeninhabers, für die Aufbewahrungsfristen laufen (Betäubungsmittel-Dokumentation, Rezeptur-Protokolle usw.), sind im Falle eines Inhaberwechsels weiterhin datenschutzkonform vom bisherigen Apothekeninhaber aufzubewahren.

1.6.6 CHECKLISTE KUNDENKARTE

- ☐ Können Kunden ihren Kundenkartenantrag (Einwilligungserklärung) von Dritten unbemerkt ausfüllen?
- ☐ Ist die Einwilligung besonders hervorgehoben?
- ☐ Benutzen Sie für den Antrag auf Ausstellung einer Kundenkarte eine (geprüfte) Einwilligungserklärung für die Erhebung und Speicherung der Kundendaten? Ist eindeutig erkennbar, welche Daten für welche Zwecke gespeichert werden sollen?
- ☐ Umfasst die Einwilligung alle Leistungen, die auf Basis der Kundenkarte erbracht beziehungsweise vorgenommen werden?
- ☐ Erfassen Sie lediglich die Kundendaten, die Sie zwingend benötigen?
- ☐ Wird ausdrücklich auf das Widerrufsrecht hingewiesen?
- ☐ Werden Kundenkartendaten nur gegenüber dem betroffenen Kunden offenbart? Sind alle Mitarbeiter entsprechend belehrt?
- ☐ Wissen Ihre Mitarbeiter, wie auf den Widerruf der Einwilligung bezüglich der Kundenkarte zu reagieren ist?
- ☐ Verwahren Sie die Einwilligungserklärungen so, dass sie vor unbefugtem Zugriff geschützt sind?

1.7 Die Rezeptrecherche über das Apothekenrechenzentrum

In nahezu jeder Apotheke erfolgt die Rezeptabrechnung über die Abrechnungsorganisation für Leistungserbringungen (Apothekenrechenzentrum). Gesetzliche Grundlage dafür ist § 300 Abs. 2 SGB V. Danach dürfen die Rechenzentren die Daten für im Sozialgesetzbuch bestimmte Zwecke und nur in einer auf diese Zwecke ausgerichteten Weise verarbeiten und nutzen, soweit sie dazu von einer berechtigten Stelle beauftragt worden sind. Anonymisierte Daten dürfen auch für andere Zwecke verarbeitet und genutzt werden.

Die gesetzliche Vorschrift ist abschließend.[48]

47 Patricia Kühnel „Kundenkarte und Datenschutz", in Rundschreiben Apothekerkammer Berlin 3/2014, S. 17

48 Unabhängiges Landeszentrum für Datenschutz Schleswig-Holstein, „Nutzung von personenbezogenen Rezeptdaten durch Apothekenrechenzentren nur zu Abrechnungszwecken zulässig" abrufbar unter: www.datenschutzzentrum.de/medizin/allgemein/rezept.htm, *Zugriff: 09.04.2018*

1.7.1 Zusatzleistungen

Vom Wortlaut des Gesetzes nicht erfasst sind die zahlreichen angebotenen Zusatzleistungen der Apothekenrechenzentren. Rezeptrecherchen für Patienten und Ärzte, die Erstellung von Zuzahlungsbescheinigungen für Kunden und die Retaxation sind zusätzliche Serviceangebote von Rechenzentren an Apotheken und letztlich von Apotheken an Patienten und Ärzte, die der Gesetzeswortlaut nicht vorsieht.[49]

Auch eine Einwilligung des Kunden soll aufgrund des abschließenden Charakters der Vorschrift nicht möglich sein, zumal dieser die Komplexität der anfallenden Daten sowie die Tragweite und die Folgen einer Datenspeicherung nicht absehen könne.[50] Hinzu kommt, dass die Einwilligung nicht vor der Datenspeicherung erteilt wird.

Achtung

Bietet man den Kunden anhand der vom Rechenzentrum überlassenen Daten Serviceleistungen an, läuft man als Apotheke Gefahr, wegen eines Verstoßes gegen den Datenschutz zur Verantwortung gezogen zu werden.

Für die genannten Serviceleistungen der Apotheke kommt damit der Kundenkarte eine große Bedeutung zu.

Zulässig gespeicherte Daten in den Kundenkartendateien ermöglichen es, Zuzahlungsbescheinigungen auszustellen oder nachzuvollziehen, welche Medikamente in welcher Dosierung an den Kunden abgegeben worden sind. Unbedingt erforderlich ist dazu aber eine entsprechend eingeholte Einwilligung des Kunden, die genau diese Serviceleistungen abdeckt (siehe Kapitel 1.6).

Merke

Die Nutzung der Apothekenrechenzentren ist ausschließlich für die gesetzlich definierten Zwecke (Abrechnung) möglich.
Serviceleistungen für Kunden sollten immer nur auf Basis der zulässig gespeicherten Kundenkartendaten erfolgen!

1.7.2 Auftragsverarbeitung

Rechenzentren verarbeiten für die Apotheken personenbezogene Daten und Gesundheitsdaten als Auftragsverarbeiter. Es bedarf daher einer entsprechenden Vereinbarung mit dem Rechenzentrum, die – sofern nicht bereits vorhanden – die Apotheke ausdrücklich unter Hinweis auf die datenschutzrechtlichen Erfordernisse abverlangen sollte – siehe Kapitel 5.1.

49 Unabhängiges Landeszentrum für Datenschutz Schleswig-Holstein, „Nutzung von personenbezogenen Rezeptdaten durch Apothekenrechenzentren nur zu Abrechnungszwecken zulässig" abrufbar unter: www.datenschutzzentrum.de/medizin/allgemein/rezept.htm, *Zugriff: 09.04.2018*

50 Unabhängiges Landeszentrum für Datenschutz Schleswig-Holstein, „Nutzung von personenbezogenen Rezeptdaten durch Apothekenrechenzentren nur zu Abrechnungszwecken zulässig" abrufbar unter: www.datenschutzzentrum.de/medizin/allgemein/rezept.htm, *Zugriff: 09.04.2018*

1.7.3 CHECKLISTE APOTHEKENRECHENZENTRUM

- ☐ Sind alle Apothekenmitarbeiter darüber belehrt, dass Rezeptrecherchen und andere Zusatzleistungen über das Apothekenrechenzentrum nicht auf einer gesetzlichen Grundlage basieren?
- ☐ Wie verfahren Sie, wenn Kunden ohne Kundenkarte einen Ausdruck über Medikamentenzuzahlungen verlangen?
- ☐ Welche Alternative steht zur Verfügung, wenn Serviceleistungen für die Kunden angeboten werden sollen?
- ☐ Liegt der Apothekenleitung eine Vereinbarung zur Auftragsverarbeitung mit den gesetzlichen Pflichtinhalten vor?

1.8 Die Gesundheitskarte

Die Einführung der elektronischen Gesundheitskarte[51] mit ihren gesetzlich vorgesehenen Nutzungsmöglichkeiten gestaltet sich seit Jahren schleppend. Dies liegt zum einen an zahlreichen Kritiken, insbesondere aus der Ärzteschaft und von Datenschützern, zum anderen an hohen Kosten und umfangreichem technischen Aufwand. Inzwischen gilt die Gesundheitskarte als ausschließlicher Berechtigungsnachweis für die Inanspruchnahme von Leistungen durch gesetzlich Versicherte.[52]

Die elektronische Gesundheitskarte enthält zunächst einmal alle Daten, die auch auf der Krankenversichertenkarte gespeichert sind.[53] Damit sind zahlreiche personenbezogene Daten erfasst. Enthalten sind:

- die Bezeichnung der ausstellenden Krankenkasse einschließlich eines Kennzeichens für die Kassenärztliche Vereinigung, in deren Bezirk der Versicherte seinen Wohnsitz hat,
- der Familienname und der Vorname des Versicherten,
- das Geburtsdatum,
- das Geschlecht,
- die Anschrift,
- die Krankenversichertennummer,
- der Versichertenstatus,
- der Zuzahlungsstatus,
- der Tag des Beginns des Versicherungsschutzes,
- bei befristeter Gültigkeit der Karte das Datum des Fristablaufs.

Sie ist darüber hinaus mit einer „europäischen Krankenversicherungskarte" auf der Rückseite zu versehen. Das ermöglicht die Inanspruchnahme von Leistungen in den Mitgliedstaaten der EU.[54]

---

51 Fünftes Buch Sozialgesetzbuch (SGB V) – Gesetzliche Krankenversicherung – (Artikel 1 des Gesetzes vom 20. Dezember 1988, BGBl. I S. 2477), zuletzt geändert durch Artikel 4 des Gesetzes vom 17. August 2017, § § 291, 291 a SGB V

52 Deutsches Ärzteblatt, Jg. 111, Heft 35–36, 1. September 2014, A 1444

53 § 291 a Absatz 2 SGB V i. V. m. § 291 Absatz 2 SGB V

54 Bundesministerium für Gesundheit, Die elektronische Gesundheitskarte, abrufbar unter: www.bundesgesundheitsministerium.de/themen/krankenversicherung/egk/?L=0 *Zugriff: 09.04.2018*

Die elektronische Gesundheitskarte verfügt über ein Lichtbild, um eine missbräuchliche Verwendung durch Dritte einzudämmen beziehungsweise auszuschließen.[55] Des Weiteren beinhaltet sie die Möglichkeit zur Speicherung weiterer Daten. Sie muss ärztliche Verordnungen (sogenanntes e-Rezept) speichern können und diverse Zusatzanwendungen unterstützen.

Gemäß § 291 a Absatz 3 SGB V „muss die Gesundheitskarte geeignet sein, folgende Anwendungen zu unterstützen, insbesondere das Erheben, Verarbeiten und Nutzen von

1. medizinischen Daten, soweit sie für die Notfallversorgung erforderlich sind,
2. Befunden, Diagnosen, Therapieempfehlungen sowie Behandlungsberichten in elektronischer und maschinell verwertbarer Form für eine einrichtungsübergreifende, fallbezogene Kooperation (elektronischer Arztbrief),
3. Daten des Medikationsplans nach § 31a einschließlich Daten zur Prüfung der Arzneimitteltherapiesicherheit,
4. Daten über Befunde, Diagnosen, Therapiemaßnahmen, Behandlungsberichte sowie Impfungen für eine fall- und einrichtungsübergreifende Dokumentation über den Patienten (elektronische Patientenakte),
5. durch von Versicherten selbst oder für sie zur Verfügung gestellte Daten sowie
6. Daten über in Anspruch genommene Leistungen und deren vorläufige Kosten für die Versicherten (§ 305 Abs. 2),
7. Erklärungen der Versicherten zur Organ- und Gewebespende,
8. Hinweisen der Versicherten auf das Vorhandensein und den Aufbewahrungsort von Erklärungen zur Organ- und Gewebespende sowie
9. Hinweisen der Versicherten auf das Vorhandensein und den Aufbewahrungsort von Vorsorgevollmachten oder Patientenverfügungen nach § 1901a des Bürgerlichen Gesetzbuchs."

Diese Angaben stellen durch ihren Gesundheitsbezug besondere Arten personenbezogener Daten dar und sind in hohem Maße schutzbedürftig. Die medizinischen Informationen werden nur auf ausdrücklichen Wunsch des Versicherten mittels der elektronischen Gesundheitskarte gespeichert. Zur Sicherstellung des Datenschutzes und eines Zugriffs ausschließlich für die Berechtigten sind gegenwärtig verschiedene Autorisierungsmodalitäten vorgesehen[56] (Tabelle 5).

Art der Daten	Autorisierung
Notfallversorgungsdaten	elektronischer Heilberufsausweis
Daten gemäß § 291 a Abs. 3 S. 1 Nr. 2–6 SGB V (außer Nr. 1 Notfallversorgungsdaten)	PIN des Versicherten und elektronischer Heilberufsausweis
Nr. 3: Daten des Medikationsplans	Versicherter kann auf PIN-Eingabe verzichten
e-Rezept: Daten nach § 291a Abs. 2 Satz 1 Nr. 1 SGB V	Berufsausweis oder ein vom Versicherten für den jeweiligen Zugriff autorisiertes geeignetes technisches Verfahren

Tab. 5: Autorisierungsmodalitäten zur Sicherstellung des Datenschutzes

55 Bundesministerium für Gesundheit, Die elektronische Gesundheitskarte, abrufbar unter: www.bundesgesundheitsministerium.de/themen/krankenversicherung/egk/?L=0 *Zugriff: 09.04.2018*

56 § 291a Abs. 5 und Abs. 5a SGB V

Der elektronische Heilberufsausweis, über den dann auch der Apotheker verfügt, muss über die Möglichkeit zur sicheren Authentifizierung und über eine qualifizierte elektronische Signatur verfügen.

Für Daten nach § 291a Absatz 3 Satz 1 Nr. 7 bis 9 SGB V gelten die weitergehenden Vorgaben des Absatzes 5a der Vorschrift.

Dritte wie Arbeitgeber und Krankenkassen können auf die auf der elektronischen Gesundheitskarte gespeicherten Daten nicht zugreifen. Eine Verwendung der Daten ist nur für die medizinische Versorgung zulässig. Die letzten 50 Zugriffe auf die Karte werden aus Gründen der Nachverfolgbarkeit gespeichert.[57]

Mit der Gesundheitskarte und den dafür zu schaffenden technischen Voraussetzungen ist jede Apotheke zukünftig vor große Herausforderungen gestellt. Das gilt auch für den Bereich des Datenschutzes. Mit der durch die Einführung der Gesundheitskarte einhergehenden Vernetzung des Gesundheitswesens entstehen neue Risiken für Kunden- und Patientendaten, denen bestmöglich begegnet werden muss.

Gegenwärtig erfolgt der Aufbau einer umfassenden Telematik-Infrastruktur zum verschlüsselten Austausch von Gesundheitsdaten.[58]

Merke
Mit Einführung und Ausbau der Funktionalitäten der Gesundheitskarte ist jede Apotheke gezwungen, den Datenschutz auf hohem Niveau sicherzustellen.

1.9 Die Lieferung per Boten

Fast alle Apotheken bieten ihren Kunden bei nicht sofortiger Verfügbarkeit eines Arzneimittels in der Apotheke die Zustellung durch den Botendienst an. Boten unterliegen wie alle anderen Apothekenmitarbeiter der Schweigepflicht. Insoweit kann auf die Ausführungen in Kapitel 1.1.2 verwiesen werden.

Gemäß § 17 Abs. 2 ApBetrO „sind die Arzneimittel für jeden Empfänger getrennt zu verpacken und jeweils mit dessen Namen und Anschrift zu versehen".
Dadurch gelangen personenbezogene Daten in Umlauf.

1.9.1 Die Auslieferung durch den Boten

Im Regelfall erfolgt die Auslieferung durch den Boten mit einem PKW, den viele Apotheken auch zu Werbezwecken nutzen. Das Fahrzeug ist damit für Außenstehende als Auslieferungsfahrzeug für Arzneimittel erkennbar.

57 Bundesministerium für Gesundheit, Begriffe und Regelungen zur elektronischen Gesundheitskarte, abrufbar unter: www.bundesgesundheitsministerium.de/themen/krankenversicherung/egk*/begriffe-egk/ Zugriff: 09.04.2018*

58 Bundesministerium für Gesundheit, Begriffe und Regelungen zur elektronischen Gesundheitskarte, abrufbar unter: www.bundesgesundheitsministerium.de/themen/krankenversicherung/egk*/begriffe-egk/ Zugriff: 09.04.2018*

Der Bote ist darüber zu belehren, dass die Arzneimittel nicht sichtbar im PKW verbleiben dürfen. Das Fahrzeug ist bei Verlassen stets abzuschließen. Die auszuliefernden Arzneimittel dürfen über längere Zeit (z. B. nachts) nicht unbeaufsichtigt im PKW verbleiben. Fahrradboten dürfen auszuliefernde Medikamente nicht ohne Aufsicht am Fahrrad belassen und haben die Transporttasche stets mit sich zu führen.

Achtung
Belehren Sie die Boten regelmäßig zum Umgang mit den auszuliefernden Arzneimitteln und zur Schweigepflicht. Lassen Sie sich die erfolgte Belehrung mit einer Unterschrift bestätigen!

Die Auslieferung hat in „zuverlässiger Weise"[59] zu erfolgen. Mit Blick auf die Vorgaben der Apothekenbetriebsordnung ist es ebenfalls sinnvoll, das Arzneimittel nur gegen schriftliche Empfangsbestätigung an den Kunden auszuliefern.

Die Auslieferung darf nur an den Kunden selbst erfolgen. Die Übergabe an **Nachbarn** oder der Einwurf in den **Hausbriefkasten** ist nicht möglich, es sei denn, der Kunde hat dies vorher ausdrücklich in der Apotheke erbeten. In einem solchen Fall sollte man vorher einen schriftlichen Vermerk fertigen und diesen gegenzeichnen lassen beziehungsweise eine schriftliche Einverständniserklärung einholen. Sinnvoll ist es, ein entsprechendes Formblatt vorzubereiten, das von den Mitarbeitern der Apotheke genutzt werden kann. Abbildung 6 zeigt, wie ein Formblatt aussehen könnte.

Muster-Apotheke in Musterstadt

Datum	Auszulieferndes Arzneimittel	Empfänger/ Kunde	Hinweise*	Unterschrift des Kunden

* Hier kann zum Beispiel der Einwurf in den Briefkasten oder die Abgabe beim namentlich bekannten Nachbarn eingetragen werden.

Abbildung 6: Formblatt für die Auslieferung per Boten

Falls gewünscht, kann das Formblatt auch um weitere Zeilen zur Auslieferung und/oder Empfangsbestätigung ergänzt werden. Diese füllt der Bote dann bei der Auslieferung aus und lässt sich den Erhalt durch den Kunden bestätigen. **Wichtig** ist, dass für jeden Kunden aus Datenschutzgründen ein **separates Formblatt** erstellt wird.

59 Apothekenbetriebsordnung, neugefasst durch Bekanntmachung v. 26.9.1995 (BGBl. I S. 1195); zuletzt geändert durch Art. 11 des Gesetzes v. 18.07.2017, § 17 Absatz 2 Satz 3 ApBetrO

Eine denkbare Alternative wäre es auch, auf dem Doppel des Kassenbons oder der Rezeptrückseite einen entsprechenden Vermerk vorzunehmen und diesen vom Kunden unterschreiben zu lassen. Dann muss das Apothekenpersonal daran denken, alle notwendigen Informationen zu notieren.

Achtung
Keinesfalls dürfen die verpackten Arzneimittel an der Wohnungstür oder auf dem Grundstück des Kunden einfach abgestellt werden.

Weiterhin ist durch den Apothekenleiter sicherzustellen, dass „das Arzneimittel so verpackt, transportiert und ausgeliefert wird, dass seine Qualität und Wirksamkeit erhalten bleibt".[60] Der damit erforderliche sorgfältige Umgang mit den auszuliefernden Arzneimitteln ist unbedingt durch den Boten zu beachten.

Die Auslieferung durch einen Boten darf nicht erfolgen, „wenn zur sicheren Anwendung des Arzneimittels ein Informations- oder Beratungsbedarf besteht, der auf einem anderen Wege als einer persönlichen Information oder Beratung durch einen Apotheker nicht erfolgen kann."[61] Sofern der **Auslieferung** ein persönlicher Kontakt in der Apotheke vorausging, stellt dies jedoch kein Problem dar.

Bei der Auslieferung von Betäubungsmitteln ist zu beachten, dass diese nicht durch nichtpharmazeutisches Personal erfolgen darf.

Merke
Grundsätzlich darf die Auslieferung durch den Boten nur an den Empfänger des Arzneimittels persönlich erfolgen. Die Auslieferung sollte durch den Kunden quittiert werden.

1.9.2 CHECKLISTE BOTENDIENSTE

- ☐ Hat der Bote eine Schweigepflichterklärung unterzeichnet?
- ☐ Wurde der Bote umfassend zur Art und Weise der Auslieferung belehrt?
- ☐ Lässt sich der Bote die Auslieferung quittieren?
- ☐ Hat der Bote Kenntnis darüber, dass an andere Personen als den Kunden, insbesondere an Minderjährige und Nachbarn, nicht ausgeliefert werden darf?

60 § 17 Absatz 2a Satz 1 Nr. 1 ApBetrO
61 § 17 Absatz 2a Satz 2 ApBetrO

2 Das Büro

Der Rückzugsort für ein ungestörtes Arbeiten der Apothekenleitung ist das Büro. Es sollte über eine verschließbare Tür verfügen, um sicherzustellen, dass Gespräche, die Apotheken-interna betreffen oder von der Apothekenleitung mit Mitarbeitern geführt werden, ohne Störung möglich sind. Nachfolgend soll auf einzelne Bereiche des Büros und die sich dort stellenden datenschutzrechtlich relevanten Sachverhalte eingegangen werden.

2.1 Der Büroschreibtisch

So mancher Büroschreibtisch gerät leicht zum Sammelplatz großer Papiermengen. Damit ergibt sich mit Blick auf ständig neue Posteingänge bereits ein erstes Problem. Dokumente, Briefe und andere Unterlagen, die personenbezogene Daten enthalten und auf dem Büroschreibtisch (zwischen)gelagert werden, sind bei längerer Abwesenheit so wegzuräumen, dass ein Zugriff für Unbefugte (auch Apothekenmitarbeiter) nicht möglich ist. Der Grundsatz des „**sauberen Schreibtisches**" gilt insbesondere beim abendlichen Verlassen der Apotheke.

Vertrauliche Dokumente und sensible Unterlagen dürfen zu keiner Zeit einsehbar auf dem Schreibtisch liegengelassen werden.

Des Weiteren sollte man Dokumente und sonstige Unterlagen, die man nicht mehr benötigt und die nicht aufgrund gesetzlicher Aufbewahrungsfristen verwahrt werden müssen, in regelmäßigen Abständen entsorgen. Das verhindert Platzprobleme bei der Archivierung und Chaos auf dem Schreibtisch.

Enthalten die Schriftstücke personenbezogene Daten, sind sie so zu vernichten, dass der Inhalt nicht rekonstruierbar ist.

Die DIN-Norm 66399 definiert drei Schutzklassen und sieben Sicherheits-/Zerkleinerungsstufen zur „**Informationsträgervernichtung**". Papier- beziehungsweise Aktenvernichter in der Apotheke sollten mindestens der Schutzklasse 3, Sicherheits-/Zerkleinerungsstufe 4 der Norm entsprechen, da diese bei der Vernichtung von sensiblen personenbezogenen Daten mit Gesundheitsbezug erfüllt sein muss.[62] Die Hersteller geben im Regelfall an, welcher Sicherheitsstufe die Geräte genügen.

Tipp
Beauftragt die Apotheke ein externes Unternehmen mit der Unterlagenvernichtung, so sollte sie sich vertraglich zusichern lassen, dass dieses Unternehmen unter Einhaltung

62 Der Bayerische Landesbeauftragte für Datenschutz informiert zum Thema Datenträgerentsorgung, dort S. 10, 13, 15, abrufbar unter: www.datenschutz-bayern.de/technik/orient/oh_datentraegerentsorgung.pdf *Zugriff: 09.04.2018*

der Sicherheitsstufen der **DIN 66399** arbeitet und die Vernichtung der Dokumente entsprechend den Datenschutzbestimmungen geschieht.
Die Firma sollte ausdrücklich zusichern, dass sie keine Einsicht in die zu vernichtenden Unterlagen nimmt. Darüber hinaus sind unbedingt die Vorgaben für die Auftragsverarbeitung zu beachten, siehe Kapitel 5.1.

Selbstverständlich gibt es auch Dokumente, die keiner gesetzlichen Aufbewahrungsfrist unterliegen, die jedoch aus Gründen der eigenen Absicherung oder interessehalber aufbewahrt werden sollten. Dazu gehören zum Beispiel schriftliche Auskünfte oder Bescheide von Behörden sowie die Einwilligungserklärungen zur Kundenkarte (siehe dazu Kapitel 1.6.2).

2.2 Aufbewahrungsfristen

Tabelle 6 zeigt einige wichtige Aufbewahrungsfristen, die in der Apotheke Relevanz haben (Stand: 01.01.2018).

Dokument	Vorschrift	Frist
Rechnungen, Lieferscheine, Inventuren, Jahresabschlüsse, Buchungsbelege	§ 147 AO	10 Jahre nach Abschluss
Verträge	§ 257 HGB	10 Jahre nach Ablauf
TFG	§ 17 ApBetrO	30 Jahre
Betäubungsmittel		
• Rezept (Teil 1)	§ 12 BtMVV	3 Jahre
• Lieferschein	§ 5 BtMBinHV	3 Jahre
• Vernichtungsprotokoll	§ 16 BtMG	3 Jahre
• Kartei	§§ 13, 14 BtMVV, § 17 BtMG	3 Jahre nach letztem Eintrag
Tierarzneimittel	§§ 19, 22 ApBetrO	mindestens bis 1 Jahr nach Verfall, nicht weniger als 5 Jahre
Arzneimittelimporte	§§ 18, 22 ApBetrO, § 73 Abs. 3 AMG	mindestens bis 1 Jahr nach Verfall, nicht weniger als 5 Jahre
Prüfung Ausgangsstoffe	§ 22, § 6, § 11 ApBetrO	mindestens bis 1 Jahr nach Verfall, nicht weniger als 5 Jahre
Rezeptur: Herstellungsanweisungen, Herstellungsprotokolle, Prüfprotokolle	§ 22, § 7, § 14 ApBetrO	mindestens bis 1 Jahr nach Verfall, nicht weniger als 5 Jahre
Defektur: Herstellungsanweisungen, Herstellungsprotokolle, Prüfprotokolle	§ 22, § 8 ApBetrO	mindestens bis 1 Jahr nach Verfall, nicht weniger als 5 Jahre

Dokument	Vorschrift	Frist
Prüfung Fertigarzneimittel/ apothekenpflichtige Medizinprodukte	§ 22, § 12 ApBetrO	mindestens bis 1 Jahr nach Verfall, nicht weniger als 5 Jahre
Prüfung Primärpackmittel	§ 22, § 6, § 13 ApBetrO	mindestens bis 1 Jahr nach Verfall, nicht weniger als 5 Jahre
Wartungsprotokolle	§ 6 Eichordnung	5 Jahre
Gefahrstoffabgabe (Giftbuch)	§ 9 Abs. 1 ChemVerbotsV	5 Jahre

Tab. 6: Für den Apothekenbetrieb relevante Aufbewahrungsfristen

2.3 Unterlagenmanagement

Für ein sinnvolles Unterlagenmanagement in der Apotheke sollte man zunächst überlegen, welche Unterlagen „Durchlaufdokumente" sind und welche noch benötigt werden und gegebenenfalls archiviert werden müssen. Danach sollte eingehender Schrift- und Datenverkehr schnellstmöglich sortiert werden, um eine unnötige Anhäufung von Daten und Dokumenten zu vermeiden und andererseits zu verhindern, dass wichtige Daten und Unterlagen verloren gehen.

2.3.1 Klassifikationsstufen der Unterlagen

Sinnvoll ist es, alle Unterlagen und sonstigen Datenträger innerhalb der Apotheke danach zu unterscheiden, wie sensibel die darauf enthaltenen Daten sind und welche der Sensibilität entsprechenden Schutzmaßnahmen zu ergreifen sind.

Eine Klassifikation der Unterlagen ermöglicht klare Zugriffsregelungen und entspricht damit auch den Vorgaben des Datenschutzes.[63] Die Unterlagenklassifikation ist die Voraussetzung für die Festlegung von Zugriffskonzepten und für die Auswahl von Datensicherungsmaßnahmen. In der Praxis werden üblicherweise fünf Klassifikationsstufen unterschieden:

1. interner Gebrauch,
2. vertraulich,
3. streng vertraulich,
4. persönlich registriert,
5. persönlich (für private beziehungsweise persönliche Zwecke).[64]

Hinweis
Die Dokumente sind auf jeder Seite gut sichtbar mit der entsprechenden Klassifikationsstufe zu kennzeichnen.

63 Michael Wächter, Datenschutz im Unternehmen, 4. Aufl.2014, Rdnr 861
64 Michael Wächter, Datenschutz im Unternehmen, 4. Aufl.2014, Rdnr 861

Die Klassifikationsstufen mit Beispielen und wichtigen zu ergreifenden Schutzmaßnahmen sind in Tabelle 7 aufgeführt.[65]

Klassifikationsstufe	Beispiel	Maßnahmen
interner Gebrauch	• QM-Handbuch der Apotheke • Rundschreiben der Apothekenleitung • Internes Telefonverzeichnis der Apotheke	• nach Arbeitsende unter Verschluss halten • so vernichten, dass Inhalt nicht rekonstruierbar • an Dritte nur auszugsweise und mit Zustimmung des Erstellers/Eigentümers
vertraulich	• Kundendaten der Apotheke • Lieferantendaten der Apotheke	• Gesamt(seiten)zahl auf erster Seite/Datenträger angeben • Kennzeichnung als vertraulich • bei Nichtgebrauch unter Verschluss halten • bei Mitnahme nicht unbeaufsichtigt lassen oder sicher (Safe) deponieren • Öffnung/Lektüre nur durch Berechtigte, namentlich Genannte oder einen bevollmächtigten Mitarbeiter • Kennzeichnung als Kopiervorlage mit Datum und Empfänger der Kopie • bei Versand Sicherung gegen unbefugten Zugriff • bei Versand neutrale Umhüllung der verschlossenen, gekennzeichneten Sendung • Papiervernichter benutzen
streng vertraulich	Personalakten der Mitarbeiter	• wie oben („vertraulich") • Kopie nur mit Genehmigung des Verfassers oder dessen Vorgesetzten • Verschlüsselung bei elektronischen Datenträgern
persönlich registriert	Planungsunterlagen zur Führung der Apotheke (Unternehmensstrategie)	• wie oben („vertraulich") • namentliche Festlegung des Verwenders • Verbleib stets lückenlos nachweisbar • ständig unter Verschluss halten • Gebot der Verschwiegenheit • externer Versand: versiegelter Wertbrief
persönlich	• Gehaltsabrechnung für die Mitarbeiter • Beurteilungen der Mitarbeiter	• wie oben („vertraulich") • Öffnung nur durch benannten Empfänger • bei Verstößen arbeitsrechtliche Sanktionen

Tab. 7: **Klassifikationsstufen und Schutzmaßnahmen**

Die Klassifikation der Unterlagen verdeutlicht die entsprechenden Benutzerberechtigungen des Personals und der Leitungsebene und wird für die zu archivierenden Unterlagen durch den Zugriffsschutz ergänzt.[66]

65 Michael Wächter, Datenschutz im Unternehmen, 4. Aufl.2014, Rdnr 862-866, 869-874
66 Michael Wächter, Datenschutz im Unternehmen, 4. Aufl.2014, Rdnr 860

Merke
Eine gut umgesetzte Unterlagenklassifikation verdeutlicht allen Mitarbeitern klare Zugriffsberechtigungen und ermöglicht das Ergreifen unterschiedlicher Schutzmaßnahmen je nach Schutzbedürftigkeit der Daten.

2.3.2 CHECKLISTE UNTERLAGENMANAGEMENT

- ☐ Sind Kundendaten in den Apothekenräumen gegen unbefugte Kenntnisnahme geschützt?
- ☐ Existieren ein Safe und/oder verschließbare Schränke zur sicheren Lagerung (besonderer) personenbezogener Daten in Papierform (z. B. Kundenkartenanträge, BtM-Unterlagen)?
- ☐ Sind Unterlagen sicher archiviert?
- ☐ Werden nicht mehr benötigte Datenträger in Papierform sicher vernichtet?
- ☐ Existiert eine Klassifizierung der Unterlagen und werden diese entsprechend gekennzeichnet?
- ☐ Wird entsprechend der getroffenen Eingruppierung mit den Unterlagen beziehungsweise Datenträgern verfahren?

2.4 Telefon und Fax, Behördenanfragen

Telefon und Fax sind wichtige Mittel der Kommunikation und des Datenaustausches. Auch wenn zunehmend dazu übergegangen wird, Daten über das Internet oder per E-Mail zu versenden, sind Telefon und Fax für den laufenden Apothekenbetrieb weiterhin unerlässlich. Im Rahmen der Nutzung sind einige grundlegende Dinge zu beachten.

2.4.1 Telefonate in der Apotheke

Zunächst einmal sollte die Möglichkeit bestehen, dass **dienstliche Telefonate** durch die Mitarbeiter so geführt werden können, dass ein Mithören des Gesprächsinhaltes durch Dritte ausgeschlossen ist. Wartende Kunden in der Offizin geht der Inhalt eines Telefonates nichts an. Grenzen Büroräume unmittelbar an die Offizin, ist sicherzustellen, dass Telefonate ohne Zuhörer geführt werden.

Bei Telefonaten mit Ärzten, zum Beispiel zum Inhalt eines Rezeptes bei Unleserlichkeit oder Fragen zur Medikamentendosierung, ist daran zu denken, dass personenbezogene Daten und Gesundheitsdaten am Telefon ausgetauscht werden.

Bei Unklarheiten einer Verschreibung ergibt sich eine entsprechende Aufklärungspflicht des Apothekers aus § 17 Absatz 5 Satz 2 ApBetrO.
Für Rücksprachen mit dem Arzt sollte unbedingt die Zustimmung des betroffenen Kunden eingeholt werden. Das bereitet in der Praxis im Regelfall keine Probleme, weil der Kunde ja gerade eine Klärung des Sachverhaltes wünscht.

Achtung
Erfolgt ein Austausch von Patientendaten mit dem Arzt ohne Einwilligung des Betroffenen, liegt ein Verstoß gegen die Schweigepflicht vor. Daran ändert auch die eigene Schweigepflicht des Arztes nichts.

Besteht der Kunde darauf, dass das Telefonat in der Offizin in seiner Anwesenheit geführt wird und ist dies technisch möglich, kann man der Bitte nachkommen. Dabei ist jedoch die vertrauliche Kundenberatung zu gewährleisten.

Wichtig ist, dass man mit Blick auf den Austausch sensibler Daten unbedingt sicherstellt, dass es sich beim Gesprächspartner auch wirklich um die Person handelt, die die Auskünfte erhalten soll. Gibt es beispielsweise eine Nachfrage durch einen Mitarbeiter einer Krankenkasse, der vorher noch nie in Erscheinung getreten ist oder hat man Zweifel an der Identität des Anrufers, ist bei einer Auskunftserteilung am Telefon höchste Vorsicht geboten. Gegebenenfalls sollte man einen Rückruf unter der Zentraleinwahl vornehmen und sich verbinden lassen. Lassen sich die Zweifel nicht ausräumen, hat mit Blick auf die Schweigepflicht eine Auskunftserteilung zu unterbleiben.

Tipp
Weisen Sie die Mitarbeiter der Apotheke regelmäßig darauf hin, dass eine Auskunftserteilung am Telefon auf keinen Fall erfolgen darf, wenn Zweifel an der Identität des Gesprächspartners und/oder an dessen Auskunftsberechtigung bestehen. Unberechtigte Auskünfte zu personenbezogenen Daten stellen einen Datenschutzverstoß dar.
Lassen Sie die entsprechende Belehrung durch die Mitarbeiter abzeichnen.

Häufig sind auch Anrufe Angehöriger zu verzeichnen. Diese haben Nachfragen, welche auf Basis der Kundenkartendaten des Betroffenen beantwortet werden müssten. Wie schon in Kapitel 1.6.4 zur Kundenkarte ausgeführt, darf nur der Betroffene selbst Auskunft erhalten. Angehörige sind nicht auskunftsberechtigt.

Etwas anderes gilt für durch das Gericht bestellte gesetzliche Betreuer, soweit deren Bestellung die Einholung dieser Auskünfte mit umfasst (Personensorge). Betreuer verfügen über einen entsprechenden **Betreuerausweis**!

Häufig versucht der Anrufer auch verbal Druck auszuüben, um an die gewünschten Auskünfte zu kommen. In diesem Fall sollte das Personal der Apotheke das konkrete Anliegen einschließlich Anrufer und Rückrufnummer notieren und an die Apothekenleitung weitergeben. Diese kann dann vor einem Rückruf entscheiden, welche Schritte einzuleiten sind (z. B. persönliches Erscheinen des Anrufers in der Apotheke, schriftliche Anfrage) und erforderlichenfalls Auskünfte unter Hinweis auf den Datenschutz verweigern.

Exkurs: Anrufe der Polizei
Mit Blick auf den Tatbestand des § 203 StGB und das Zeugnisverweigerungsrecht (siehe Kapitel 1.1.3 und 1.1.4) ist klar, dass auch an Polizeibeamte nicht ohne Weiteres Auskunft erteilt

werden darf. Probleme in der Apotheke bereiten beispielsweise die BtM-Abgabe und Rezeptfälschungen. Durch eine unbefugte Auskunftserteilung riskiert man, sich wegen des Verstoßes gegen das Apothekergeheimnis strafbar zu machen.

Merke
Bei dienstlichen Telefonaten ist immer darauf zu achten, dass nur an berechtigte Empfänger Auskünfte erteilt werden dürfen und die Schweigepflicht und das Apothekergeheimnis gewahrt werden.

Generell sollte die Apothekenleitung daran interessiert sein, dass über die Telefonapparate der Apotheke grundsätzlich **nicht privat telefoniert** wird. Ausgenommen sind natürlich Notfälle. Andernfalls sind, abgesehen von Kosten und verlorener Arbeitszeit, auch gesetzliche Bestimmungen zu berücksichtigen, die den meisten Apothekeninhabern nicht bekannt sind. So wird der Apothekeninhaber bei Ermöglichung der Privatnutzung zum Diensteanbieter im Sinne des Telekommunikationsgesetzes und muss das Fernmeldegeheimnis beachten.[67] Vergleichbare Probleme entstehen bei der privaten Nutzung von E-Mail und Internet der Apotheke durch die Mitarbeiter.

Das führt zu kuriosen und unerwünschten Ergebnissen. So ist beispielsweise die nähere Analyse der Telefonrechnung oder des E-Mail-Accounts der Apotheke eingeschränkt, da dort Privates und Dienstliches zusammen erfasst werden.

Die Untersagung der privaten Telefonnutzung stellt in Zeiten der flächendeckenden Handyverbreitung unter den Apothekenmitarbeitern jedoch kein wirkliches Problem dar und ist in fast allen Fällen unter Hinweis auf die Thematik „Diensteanbieter" und das Problem erhöhter Risiken für die Datensicherheit gut vermittelbar.

Merke
Die private Nutzung des Telefons sollte von der Apothekenleitung untersagt werden. Eine Belehrung aller Mitarbeiter ist entsprechend zu dokumentieren und von den Mitarbeitern zu unterschreiben. Verstöße dürfen seitens der Apothekenleitung nicht ignoriert werden.

2.4.2 Das Telefax

Sofern personenbezogene Daten zulässig per Fax versandt werden, ist unbedingt sicherzustellen, dass ausschließlich der berechtigte Empfänger die Daten erhält. Vor Absendung ist die Eingabe der korrekten Nummer zu überprüfen. Sinnvoll ist es bei sensiblen Daten auch, das Telefax anzukündigen beziehungsweise dessen Eingang telefonisch beim Empfänger zu kontrollieren.

Das Faxgerät sollte so aufgestellt werden, dass sich unbefugte Dritte nicht Kenntnis vom Inhalt eingehender Faxschreiben verschaffen können. Ein eingehendes Fax ist sofort aus

67 Telekommunikationsgesetz vom 22.06.2004 (BGBl. I S. 1190), zuletzt geändert durch Artikel 10 Abs. 12 des Gesetzes vom 30.10.2017 (BGBl. I S. 3618)

dem Faxgerät zu entfernen und erforderlichenfalls an den Adressaten innerhalb der Apotheke weiterzuleiten.

Sofern nicht „klassische" Faxgeräte genutzt werden, sondern das Fax direkt auf dem PC der Apotheke eingeht, sind die notwendigen technischen Vorkehrungen zur IT-Sicherheit zu beachten.

Enthält ein Fax personenbezogene Daten und wird es nicht mehr benötigt, so ist es unter Einsatz des Papiervernichters zu entsorgen.

Merke

Versendet man sensible Daten per Fax, ist

1. die Faxnummer zu prüfen und
2. das Fax anzukündigen beziehungsweise der Faxeingang beim Empfänger zu erfragen.

2.4.3 CHECKLISTE TELEFON UND FAX

- ☐ Können Mitarbeiter dienstliche Telefonate so führen, dass eine Kenntnisnahme durch Dritte (z. B. Kunden in der Offizin) ausgeschlossen ist?
- ☐ Sind alle Mitarbeiter darüber belehrt, dass Auskünfte am Telefon nur an den Auskunftsberechtigten erteilt werden dürfen?
- ☐ Erfolgt der Austausch zu Kundendaten am Telefon oder per Fax mit Zustimmung des Kunden?
- ☐ Wird bei der Versendung von Kundendaten per Fax sichergestellt, dass diese ausschließlich den berechtigten Empfänger erreichen (Ankündigung beim Empfänger, korrekte Nummer, ggf. Einholung einer Eingangsbestätigung)?
- ☐ Ist das Faxgerät so positioniert, dass unbefugte Dritte darauf keinen Zugriff haben?
- ☐ Wird ein Fax sofort aus dem Faxgerät entfernt?
- ☐ Werden nicht mehr benötigte Faxschreiben korrekt vernichtet?
- ☐ Ist die IT-Sicherheit gewährleistet, wenn das Fax auf dem Rechner der Apotheke eingeht oder auf diesem Wege versandt wird?

2.5 Datenschutz und Informationssicherheit

Mit der Gewährleistung der IT-Sicherheit steht die Apotheke vor einer wichtigen und anspruchsvollen Aufgabe. Die in nahezu allen Apotheken bestehende Vernetzung nach außen und die sich ständig ändernden Gefahren und Sicherheitsanforderungen führen zu einem kontinuierlichen Handlungsbedarf.

Der Markt bietet den Apotheken zur Erleichterung ihrer Arbeit eine Vielzahl von Apothekensoftware. In Abhängigkeit vom gewählten Programm und dessen Funktionen und Angeboten, die häufig auch eine Fernwartung umfassen, sind die Möglichkeiten der konkreten Einflussnahme für die Apotheke und ihren Datenschutzbeauftragten sehr unterschiedlich. Bei sich stellenden Fragen oder Unklarheiten sollte die Apotheke nicht davor zurückschrecken, sich an den Hersteller zu wenden. Häufig zeigen sich die Anbieter auch im Interesse der Kundenbindung hilfsbereit und kooperativ.

Neben den im Rahmen der Auftragsverarbeitung zu berücksichtigenden Besonderheiten, die in Kapitel 5.1 detailliert besprochen werden, gibt es unabhängig von der gewählten Software einige grundlegende Erfordernisse der IT-Sicherheit.

Folgende Aspekte sind immer und unabhängig von der gewählten Apothekensoftware zu berücksichtigen:

- Anforderungen an den Arbeitsplatz,
- Anforderungen an die Mitarbeiter,
- Gewährleistung einer sicheren IT-Infrastruktur,
- Ein- beziehungsweise Weiterführung eines effektiven Passwortschutzes,
- Durchführung einer regelmäßigen Datensicherung,
- Anforderungen an den Datenaustausch.

Daneben ergeben sich aus der Datenschutz-Grundverordnung weitreichende Anforderungen an die Implementierung von Datenschutz und Informationssicherheit. Getroffene Feststellungen und Maßnahmen sind regelmäßig zu überprüfen, zu bewerten und zu evaluieren.[68] Insoweit kann es sich anbieten, bereits existierende Strukturen des QM-Systems der Apotheke zu nutzen und den Datenschutz dort zu integrieren. Denkbar ist auch, Datenschutz und Informationssicherheit systematisch und im weiteren Sinne autark als Datenschutzmanagementsystem oder in Anlehnung an ein solches System auszugestalten.

Mit Blick auf die Nachweisbarkeit und Rechenschaftspflicht könnte die Umsetzung in der Apotheke beispielsweise wie in Tabelle 8 zusammengestellt aussehen.

Datenschutz und Informationssicherheit in der Apotheke			
Vorgabe	**Artikel DS-GVO**	**Anmerkung**	**Erfüllungsgrad in der Apotheke**
Leitbild/Leitlinie zum Datenschutz		**Muster** und Erläuterung siehe Kapitel 7.3	
Bestellung des Datenschutzbeauftragten	Art. 37-39	**Muster** Anhang 3 siehe Kapitel 4	
Organisations-beschreibung		Verfahrens- und Prozessbeschreibungen zum Datenschutz, z. B. zum Umgang mit Betroffenenrechten, Meldepflichten bei Vorfällen, Prozedere bei Einholung von Einwilligungserklärungen, Sicherstellung von Informationspflichten, Datenübermittlungen	
Risikoanalyse	Art. 32	siehe Kapitel 2.5.2	
Schutzbedarfsfestellung	Art. 32	siehe Kapitel 2.5.2	

68 vergleiche Art. 32 Abs. 1d DS-GVO, Art. 5 Abs. 2 DS-GVO, Art. 24 Abs. 1 DS-GVO, § 22 Abs. 2 Nr. 9 DSAnpUG-EU

Datenschutz und Informationssicherheit in der Apotheke		
Technisch-organisatorische Maßnahmen	Art. 32	**Checkliste** in Anhang 7 siehe Kapitel 1.2
Verzeichnisse der Verarbeitungstätigkeiten	Art. 30	**Muster** in Anhang 5 siehe Kapitel 7.1
Datenschutz-Folgenabschätzung	Art. 35, Art. 36	**Muster** in Anhang 5 siehe Kapitel 7.2
Meldepflicht bei Datenschutzvorfällen	Art. 33	siehe Kapitel 6.3
Verträge zur Auftragsverarbeitung	Art. 28 bis Art. 31	siehe Kapitel 5.1
Mitarbeitersensibilisierung – Schulung mit Nachweis	§ 22 Abs. 3 BDSG neu	siehe Kapitel 4.6.2

Tab. 8: Datenschutz und Informationssicherheit in der Apotheke

2.5.1 Gefahrenbeispiele

Vor Beginn seiner Prüfung sollte sich der Datenschutzbeauftragte zunächst darüber im Klaren sein, welches Gefahrenpotenzial sich für seine Apotheke konkret stellt (Tabelle 9).

Gefahren von außen	Gefahren von innen	Höhere Gewalt
Manipulation, Sabotage und Ausspähen wichtiger Daten und Geschäftsgeheimnisse durch Hacker, Störer, Konkurrenz etc. Diebstahl	fehlerhafte Bedienung der Hard- und Software durch die Mitarbeiter unbefugte Nutzung durch Mitarbeiter, Wartungsfirmen, Reinigungsfirmen oder andere Personen mit Zutritt zur Apotheke	Elementarschäden wie Brand, Wasserschäden, Stromausfälle, Blitzeinschlag **Gerätedefekte** Technische Störungen am Computer wie z. B. Überhitzung oder Ausfall von Massenspeichern (Festplatten)

Tab. 9: Drohende Gefahren für die IT-Sicherheit in Apotheken

Gefahren für die IT-Sicherheit resultieren häufig aus Fehlern der Mitarbeiter und deren Unwissenheit im Umgang mit Hard- und Software. Besonders wichtig ist es daher, dass der Datenschutzbeauftragte die Mitarbeiter regelmäßig und auf deren jeweilige Tätigkeit ausgerichtet schult und auf bestehende Risiken und deren Minimierung hinweist. Hauptrisiken stellen seit Jahren vor allem von Schadsoftware ausgenutzte Sicherheitslücken des Betriebssystems und der Standardapplikationen dar.[69]

69 Bundesamt für Sicherheit in der Informationstechnik (BSI), Die Lage der IT-Sicherheit in Deutschland 2011, Stand: Mai 2011, S. 4 ff..

Merke
Im Rahmen der IT-Sicherheit in der Apotheke ist zunächst zu klären, in welcher Form sich Gefahren stellen. Im nächsten Schritt ist zu prüfen, wie hoch die Wahrscheinlichkeit eines Schadenseintritts ist und wie schwerwiegend der Schaden für Rechte und Freiheiten der betroffenen Personen wiegt. Entsprechend den getroffenen Feststellungen sind wirksame Maßnahmen zur Gefahrenabwehr zu ergreifen.

2.5.2 Risikobewertung und Schutzbedarfsfestellung

Die Datenschutzgrundverordnung verlangt die Angemessenheit von Maßnahmen, die sich am Risiko für die Betroffenen und der Schwere der Auswirkungen orientieren.

Ein hohes oder sehr hohes Risiko wird regelmäßig dann zu bejahen sein, wenn sensible Daten, wie Gesundheitsdaten, verarbeitet werden. Das geschieht in der Apotheke permanent. Schäden können physischer, materieller oder immaterieller Natur sein.

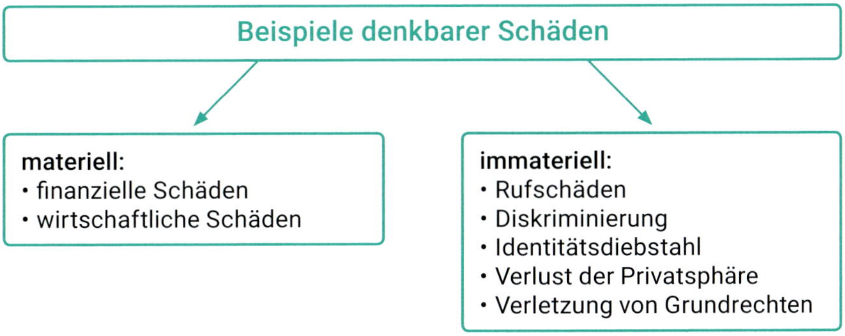

Abbildung 7: Beispiele denkbarer Schäden

Unter Berücksichtigung der festgestellten Gefahren, Risiken und möglichen Schäden sind dann **angemessene technisch-organisatorische Maßnahmen** zu treffen. Diese müssen dem Stand der Technik entsprechen. Das erfordert, bei der Auswahl alle marktfähigen technischen Maßnahmen in Betracht zu ziehen.[70]

Weiterhin sind die Kosten einer Implementierung zu berücksichtigen. Je höher die vorher aufgezeigten Risiken sind, umso mehr muss investiert werden, um die Daten zu schützen.

Hinzu kommt eine Betrachtung, was Art, Umfang, Umstände und Zwecke der Datenverarbeitung erfordern. Dabei ist für die Apotheke zu beachten, dass sensible Gesundheitsdaten mit einem hohen Risiko verarbeitet werden, die zudem als besondere Kategorien personenbezogener Daten gemäß den Vorgaben des Art. 9 DS-GVO verarbeitet müssen (siehe Kapitel 1.1.1).

70 Kühling/Buchner/Jandt, DS-GVO, Art. 32, Rdnr 10

Hinsichtlich der Schwere des Schadens bietet sich zur Beurteilung die folgende Einteilung an:[71]

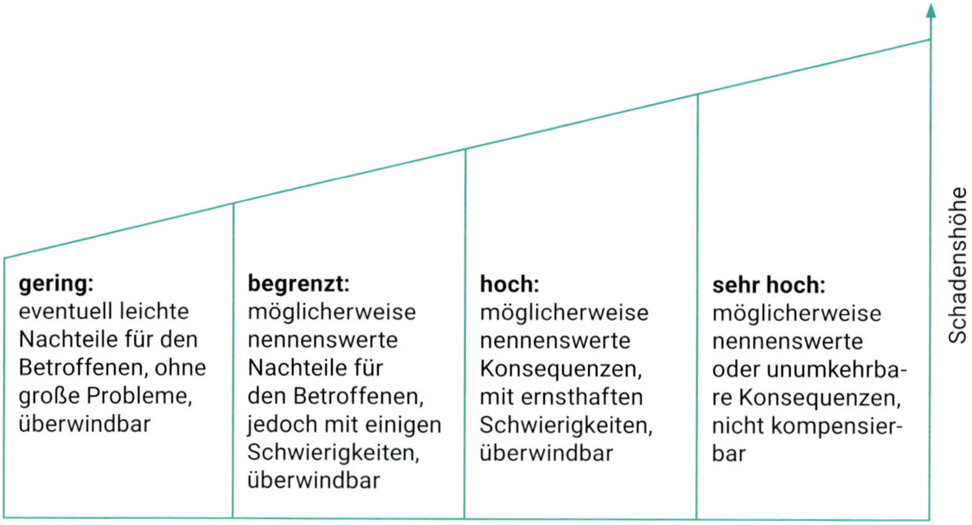

Abbildung 8: Schadenshöhe

Technisch-organisatorische Maßnahmen nach Art. 32 DS-GVO:
- Pseudonymisierung
- Verschlüsselung
- Sicherstellung der Vertraulichkeit, Integrität, Verfügbarkeit und Belastbarkeit der Systeme und Dienste
- rasche Wiederherstellung der Verfügbarkeit und des Zugangs zu personenbezogenen Daten bei einem physischen oder technischen Zwischenfall

Die genannten Maßnahmen sind nicht abschließend.

Für die Verarbeitung von Gesundheitsdaten finden sich weitere Vorgaben im nationalen Recht.

Weitere technisch-organisatorische Maßnahmen nach § 22 BDSG neu:
- Feststellbarkeit, ob und von wem Daten eingegeben, verändert oder entfernt worden sind
- Sensibilisierung der Mitarbeiter
- Benennung einer/eines Datenschutzbeauftragten
- Zugangsbeschränkungen zu personenbezogenen Daten innerhalb der Apotheke und von Auftragsverarbeitern.

71 französisches Modell der CNIL

Die Wirksamkeit der technisch-organisatorischen Maßnahmen ist durch Einrichtung eines Verfahrens zur regelmäßigen Überprüfung, Bewertung und Evaluierung zu gewährleisten[72] – siehe oben Kapitel 2.5.

2.5.3 Anforderungen an den Arbeitsplatz

Zunächst sind einige grundlegende Anforderungen an den Arbeitsplatz zu stellen. Computer finden sich in der Apotheke im Regelfall an einer Vielzahl von Plätzen: am HV-Tisch in der Offizin, im Büro, für die Warenhaltung in den der Kundschaft nicht zugänglichen hinteren Bereichen der Apotheke, zum Teil auch in der Rezeptur und in Personalräumlichkeiten.

Datenverarbeitungsanlagen müssen so stehen und installiert sein, dass ein Zutritt Unbefugter ausgeschlossen ist. In der Apotheke erfolgt dies bedingt durch die zu gewährleistende Arzneimittelsicherheit zum Teil recht vorbildlich. So sind Räume gegen den Zutritt Unbefugter gut gesichert, es existieren konkrete Schlüsselregelungen für die entsprechend autorisierten Mitarbeiter, und Ein- und Ausgänge werden videoüberwacht oder anderweitig kontrolliert.

In der Offizin mit Kundenverkehr ist darauf zu achten, dass Computerbildschirme im Bereich der HV-Tische so stehen, dass Kunden diese nicht einsehen können.

Transportable Geräte wie zum Beispiel Notebooks oder USB-Sticks sind sicher zu verwahren. Dies gilt sowohl innerhalb der Apotheke als auch während des Transportes oder an Orten außerhalb.

Achtung
Grundsätzlich sollte man sensible Daten wegen hoher Verlust- und Diebstahlgefahr nicht auf externen Datenträgern speichern. Lässt sich dies nicht verhindern, ist eine sichere Verschlüsselung unabdingbar.

Notwendig ist es weiterhin, die Stromzufuhr der Computer durch einen **Überspannungsschutz** abzusichern. So können bei Blitzeinschlägen Schäden am Computer verhindert werden. Erforderlichenfalls sollte man sich an die IT-Firma oder einen Elektroinstallationsbetrieb wenden.

Merke
Computer-Arbeitsplätze in der Apotheke sind so zu sichern, dass sich Unbefugte keinen Zutritt verschaffen können.
Bildschirme müssen so ausgerichtet werden, dass weder Kunden noch unbefugte Dritte „mitlesen" können.
Externe Datenträger sind sicher zu verwahren und vor Verlust zu schützen.
Alle Arbeitsplätze sind mit einem Überspannungsschutz zu sichern.

72 vergleiche Art. 32 Abs. 1d DS-GVO, § 22 Abs. 2 Nr. 9 DSAnpUG-EU

2.5.4 Anforderungen an die Mitarbeiter

Unkenntnis und Selbstüberschätzung sind ein häufiges Problem für die IT-Sicherheit. Alle Mitarbeiter müssen in regelmäßigen Abständen geschult werden, damit die Probleme der IT-Sicherheit und des Datenschutzes bewusst zur Kenntnis genommen wird. Zur gesetzlich geforderten Sensibilisierung der Mitarbeiter können auch die regelmäßig durchzuführenden Datenschutzschulungen genutzt werden.

Innerhalb der Apotheke sollte allen Mitarbeitern bekannt sein, an wen welche Daten auf welchen Wegen übermittelt werden dürfen. Es verbietet sich beispielsweise, sensible Kundendaten unverschlüsselt per E-Mail an die Pflegeeinrichtung oder eine Arztpraxis zu verschicken. Mit Blick auf die zahlreichen Risiken für die Apotheke sollte allen Mitarbeitern klar sein, dass Recherchen, Bestellungen und E-Mail-Verkehr per Internet niemals zu privaten Zwecken erfolgen dürfen.

Auch der zu nachlässige Umgang mit Passwörtern durch die Mitarbeiter erhöht das Risiko, dieses hilfreiche Zugangsschutzverfahren ad absurdum zu führen, siehe dazu Kapitel 2.5.6. Häufig werden Passwörter unter den Mitarbeitern allgemein bekannt gemacht und ermöglichen damit allen „Eingeweihten“ einen uneingeschränkten Zugang zu den Datenverarbeitungssystemen.

Merke

Die Mitarbeiter der Apotheke sollten durch regelmäßige Schulungen auf die Problematik der IT-Sicherheit hingewiesen werden und den Umgang mit der von ihnen genutzten Hard- und Software sicher beherrschen.

Eine private Internetnutzung sollte aus Sicherheitsgründen in der Apotheke komplett unterbleiben.

2.5.5 Gewährleistung einer sicheren IT-Infrastruktur

Mit Blick auf die oben genannten Hauptrisiken für die IT-Sicherheit ist es unabdingbar, der Sicherheit der IT-Infrastruktur höchste Aufmerksamkeit zukommen zu lassen. Apotheken sind heute auf eine funktionierende Informationstechnik angewiesen und damit andererseits auch den damit einhergehenden, ständig wachsenden Risiken ausgesetzt.

Angriffe von außen sind zunehmend darauf ausgerichtet, Geschäftsinterna und Kundenprofile auszuspionieren und daraus höchstmöglichen Profit zu erzielen. Schadprogramme werden immer komplexer und verfügen häufig über Updatefunktionen, die es ermöglichen, neue Programme oder Tarnmechanismen nachzuladen. Millionen von Schadprogrammen existieren und ihre Anzahl wächst stetig.[73] Problematisch ist, dass Schadprogramme inzwischen wesentlich gezielter und damit in kleinerem Umfang eingesetzt werden. Je geringer die Verbreitung eines Schadprogrammes aber ist, desto geringer ist die Wahrscheinlichkeit, es mit einem Schutzprogramm zu erkennen.[74] Das Risiko, Opfer eines Angriffs zu werden oder bereits zu sein, ohne dies zu bemerken, steigt damit beträchtlich.

73 Bundesamt für Sicherheit in der Informationstechnik (BSI), Die Lage der IT-Sicherheit in Deutschland 2009, Stand: Januar 2009, S. 20
74 Bundesamt für Sicherheit in der Informationstechnik (BSI), Die Lage der IT-Sicherheit in Deutschland 2009, Stand: Januar 2009, S. 20

Die folgenden IT-Sicherheitsvorkehrungen sind mit Blick auf die rasante Ausbreitung immer neuer Schadprogramme zwingend notwendig und müssen unbedingt sichergestellt werden:

- Am zentralen Server und an jedem vernetzten Rechner sind ständig aktualisierte Virenschutzprogramme erforderlich.
- Die lokale Firewall ist eine auf dem Rechner installierte Software, die ein- und ausgehenden Datenverkehr kontrolliert. Die Installation wird dringend empfohlen, falls die Interneteinwahl von einem PC aus erfolgt (z. B. DSL-Modem).
- Ein wichtiges Gerät zum Schutz der IT-Sicherheit stellt der Router dar. Er bewirkt, dass Verkehr, der nicht von innen angefordert wurde, sofort verworfen wird und nur angeforderte Datenpakete den Rechner erreichen. Eigenständige Router in Kombination mit einem DSL-Modem (DSL-Router) sind in der Regel der direkten Einwahl über einen PC (siehe oben, Firewall) vorzuziehen. Die Firmware des Routers ist regelmäßig auf Aktualität zu prüfen.
- Betriebssysteme und auch sonstige installierte Software sind ständig zu aktualisieren. Über regelmäßige Updates können Sicherheitslücken geschlossen werden.
- Es sollte eine Beschränkung auf die minimale Anzahl installierter Programme erfolgen (nur die Programme, die zwingend benötigt werden). Diese sollten aus sicheren Quellen stammen. Dabei sollte man Programme verwenden, die im Apothekenumfeld bekannt und etabliert sind.

Tipp

Betriebssysteme, für die herstellerseitig der Support eingestellt wurde, sind keinesfalls zu benutzen. Im Regelfall stellen die Hersteller der Betriebssysteme über Updates sicherheitsrelevante Mängel ab und bieten umfassende Neuerungen und Aktualisierungen für das Betriebssystem. Apotheken, die ein nicht mehr unterstütztes Betriebssystem einsetzen, müssen schnellstmöglich auf ein aktuelles Betriebssystem wechseln.

Alle vorgenannten IT-Sicherheitsvorkehrungen sind auch für mobile Computer und externe Datenträger relevant.

Im **Verdachtsfall**: Anzeichen für einen Befall sind beispielsweise extreme Geschwindigkeitseinbußen des Computers und plötzliche Verluste von Dateien oder Daten. Was ist zu tun, wenn man befürchtet, Opfer eines Angriffs zu sein?

1. Die Arbeit am Computer ist sofort zu beenden. Falls es der Computer noch zulässt, fährt man ihn auf „übliche Weise" herunter.
2. Bei fehlender eigener Fachkenntnis sollte man einen Fachmann kontaktieren und diesem die Fehlerbehebung (Suchprogramm, Wiederherstellung etc.) überlassen.
3. Eventuell kann es sinnvoll sein, Kollegen und Dritte zu warnen, die ebenfalls Opfer werden könnten. Bestimmte Schadprogramme verbreiten sich zum Beispiel per E-Mail-Verkehr und auf diesem Wege kontaktierte Geschäftspartner sind deshalb durch eine E-Mail der Apotheke gefährdet.

Merke
Die Gewährleistung einer sicheren IT-Infrastruktur ist zwingende Voraussetzung für den Schutz aller elektronisch gespeicherten Daten. Erfolgen hier unberechtigte Zugriffe, die vermeidbar gewesen wären, führen diese im Regelfall zu schwerwiegenden Konsequenzen für die Apotheke.

2.5.6 Effektiver Passwortschutz

Der Passwortschutz bietet bei korrekter Anwendung durch die Mitarbeiter der Apotheke ein hilfreiches und effektives Zugangsschutzverfahren. In der Praxis wird der Passwortschutz jedoch häufig aus Bequemlichkeit („Wer soll sich das merken?") oder Sorglosigkeit nicht beziehungsweise nicht optimal genutzt. So sind Passwörter zu kurz („Apo"), zu leicht („Passwort"), sichtbar oder leicht auffindbar hinterlegt. Oft finden sich mit Passwörtern versehene Klebezettel direkt am PC-Bildschirm, unter der Tastatur oder in der obersten Schreibtischschublade.

Um feststellen zu können, wer Daten eingibt und um eine wirksame Zugangsbeschränkung zu gewährleisten, bietet sich folgende Vorgehensweise an:

- Voreingestellte Passworte sind sofort zu ändern.
- Leere Passwortfelder sind mit einem „guten" Passwort zu versehen.
- Ein Passwort sollte mindestens 10 Stellen haben und aus Groß- und Kleinbuchstaben, Zahlen und Sonderzeichen bestehen.
- Das Passwort ist geheim zu halten und darf nicht verbreitet werden.
- Passwörter sollten regelmäßig (zum Beispiel einmal monatlich) gewechselt werden.
- Bei Ausscheiden eines Mitarbeiters sollte immer das Passwort geändert werden.
- Die Wiederholung des alten Passwortes als neues Passwort ist automatisch auszuschließen.
- Auch Bildschirmschoner sollten durch Passwort geschützt werden. Das ist besonders dann sinnvoll, wenn sich auch Dritte (Lieferanten, Reinigungspersonal) während der Geschäftszeit in den Apothekenräumlichkeiten aufhalten.
- Nicht stationäre Datenträger wie Notebook, USB-Stick und externe Festplatten sind unbedingt zu verschlüsseln, da eine hohe Verlust-/Diebstahlgefahr besteht.
- Unbrauchbare Passwörter sind zum Bespiel der Begriff „Passwort", Namen und alle Begriffe aus dem Wörterbuch. Letztere werden über sogenannte „Wörterbuchangriffe" ausspioniert. Ungeeignet ist auch der Name der Apotheke.

Tipp
Ein gutes Passwort bietet ein einprägsamer Satz aus dem eigenen Lebensbereich, z. B.:
Tante Frieda hatte vorgestern ihren 70. Geburtstag!
Passwort: TFhvi70.G!

Besser ist es natürlich, ein Passwort nicht zu notieren. Passiert dies dennoch, ist das notierte Passwort sicher zu verwahren (also nicht am Monitor, nicht unter der Tastatur und nicht in der Schreibtischschublade).

Bei mehrfacher Falscheingabe des Passwortes erfolgt eine automatische Zugangssperre. Besteht beispielsweise erst nach 30 Minuten eine neue Eingabemöglichkeit, können sogenannte „Wörterbuchangriffe", die Begriffe des Wörterbuches systematisch durchprobieren, verhindert werden.

Existiert eine Fernwartung, ist die Zusicherung „guter" Passwörter erforderlich. Darüber hinaus sollte man sich schriftlich zusichern lassen, dass keine weiteren, nicht vereinbarten Fernwartungszugänge existieren beziehungsweise aktiviert werden.

Merke
Ein gut umgesetzter Passwortschutz hilft, eine wirksame Zugangskontrolle zu gewährleisten.

2.5.7 Regelmäßige Datensicherung

Daten sind gegen zufällige Zerstörung und Verlust zu schützen. Ein wichtiger Beitrag dazu ist die von der Apotheke selbst vorzunehmende Datensicherung. Die Datensicherung dient zum Schutz der Daten vor Elementarschäden, Diebstahl oder technischen Defekten wie zum Beispiel Defekten der Festplatte. In Apotheken ist eine regelmäßige tägliche Datensicherung unabdingbar.

Sinnvoll ist es, einen konkreten Mitarbeiter zu bestimmen, der für die Datensicherung verantwortlich ist. Damit wird vermieden, dass eine Datensicherung versehentlich unterbleibt, weil sich keiner verantwortlich fühlt.

Die Datensicherung sollte auf einem geeigneten Medium wie CD, externer Festplatte, USB-Stick, Band etc. vorgenommen werden. Welche Form des Sicherungsträgers gewählt wird, ist nicht entscheidend, sofern das Trägermedium zuverlässig funktioniert. Der Sicherungsträger sollte deshalb regelmäßig, mindestens einmal monatlich, daraufhin kontrolliert werden, ob er korrekt und fehlerfrei arbeitet. Nichts ist schlimmer als eine ständige, aber erfolglose Datensicherung.

Aufgrund der ständigen technischen Entwicklung sollte bei einem Veralten des Sicherungsträgers auf ein neues geeignetes Medium gewechselt werden. Dabei ist insbesondere auch an Datenträger zu denken, die zur Archivierung genutzt werden.

Nach der Datensicherung sollte der Sicherungsträger keinesfalls am oder in unmittelbarer Umgebung des Sicherungsobjektes (PC) verbleiben. Der Sicherungsträger sollte so gelagert werden, dass bei Elementarschäden, Feuer, Wasser, Diebstahl etc. die Datensicherung nicht ebenfalls verlustig geht. Geeignet sind beispielsweise entsprechend ausgestattete Tresore.

Sofern Softwareanbieter (z. B. während der Nachtstunden) Datensicherungen für die Apotheke vornehmen, ist das vertraglich als Auftragsverarbeitung (siehe Kapitel 5.1) sicherzustellen und dafür Sorge zu tragen, dass dieser Vorgang datenschutzkonform geschieht.

Merke
Eine tägliche Datensicherung und die geeignete Verwahrung des Sicherungsträgers sind zwingend erforderlich, um im Falle eines Datenverlustes die für den Apothekenbetrieb benötigten Daten zu rekonstruieren.

2.5.8 Anforderungen an den Datenaustausch

Sofern die Apotheke per E-Mail Kundendaten oder andere sensible Daten mit Dritten (z. B. Arztpraxen, Pflegeeinrichtungen, Leistungsträgern etc.) austauscht, muss sichergestellt werden, dass diese Daten keinesfalls in unbefugte Hände gelangen. Das erfordert auch das Apothekergeheimnis, dessen Verletzung unter Strafe gestellt ist. Dies gilt zwar grundsätzlich für alle Formen der Übermittlung wie Postweg, Telefon und Fax, spielt jedoch für den E-Mail-Verkehr eine besondere Rolle, da es sich dabei um einen besonders risikoreichen Informationsaustausch handelt. So darf beispielsweise ein Rezept, zu dem Rückfragen (beispielsweise bei abweichender Dosis der Medikation gegenüber sonstigen Verschreibungen) bestehen, nicht einfach gescannt und dann per E-Mail unverschlüsselt an die ausstellende Arztpraxis versandt werden.[75]

Um die mit der E-Mail-Nutzung einhergehenden Risiken zu minimieren, sind folgende Verhaltensmaßregeln zu beachten:
- Die tatsächliche Absender-Adresse ist zu prüfen (Achtung: nicht nur der sichtbare Anzeigename).
- Die E-Mail eines unbekannten Absenders sollte nicht geöffnet werden.
- E-Mail-Anhänge dürfen nur geöffnet werden, wenn sie erwartet werden.
- Das gesamte Personal führt keinerlei privaten E-Mail-Verkehr über die Firmencomputer.
- Die Auto-Vorschau im E-Mail-Programm ist zu deaktivieren.

Im geschäftlichen E-Mail-Verkehr muss die Apotheke über ein ordnungsgemäßes E-Mail-Impressum verfügen.

Für die Apotheke als vollkaufmännisches Unternehmen (im Handelsregister eingetragener Kaufmann/eingetragene Kauffrau = e.K., OHG) gibt es klare gesetzliche Anforderungen dazu, wie und mit welchen Angaben sie im Geschäftsverkehr auftreten muss. Nicht nur auf dem Briefpapier der Apotheke, sondern auch bei der Versendung von Nachrichten per Fax oder E-Mail müssen die folgenden Pflichtangaben enthalten sein:
- Genau benannte Firma mit der Geschäftsform wie im Handelsregister eingetragen,
- Sitz der Apotheke mit postalisch korrekter ladungsfähiger Anschrift,

75 Der sächsische Landesdatenschutzbeauftragte hält den unverschlüsselten Mailverkehrs für Berufsgeheimnisträger für unzulässig. www.saechsdsb.de/images//stories/sdb_inhalt/noeb/taetigkeitsberichte/8-TB-Endfassung-Version-5.pdf; Zugriff: 12.03.2018

- Registergericht und Registernummer,
- Gesellschaftsverantwortliche wie Geschäftsführer, persönlich haftende Gesellschafter.

Auch die üblichen Kontaktdaten wie Telefon- und Faxnummer sollten angegeben werden.

Farbliche Gestaltung und Schriftgröße müssen so gewählt sein, dass alle Angaben gut lesbar und sofort erkennbar sind. Ein Dateianhang mit Pflichtangaben ist dafür nicht ausreichend.

Im Fall eines Verstoßes kann das Registergericht Bußgelder bis zu 5.000 Euro verhängen. In der Praxis häufiger sind Abmahnungen mit strafbewehrten Unterlassungserklärungen, die für den Verstoßfall erhebliche Bußgelder androhen.

Merke
Es verstößt gegen gesetzliche Bestimmungen, wenn Kundendaten unverschlüsselt per E-Mail oder als E-Mail-Anhang über das Internet versendet werden. Die Kundendaten sind entweder zu verschlüsseln oder es ist auf sichere Wege des Datenaustausches auszuweichen!

2.5.9 CHECKLISTE IT-SICHERHEIT

- ☐ Existiert eine Passwortsicherung für den Zugang zum Computer?
- ☐ Ist das Passwort nur der befugten Person bekannt?
- ☐ Entspricht das Passwort dem aktuellen Sicherheitsstandard (mindestens 10 Stellen, bestehend aus Groß-/Kleinbuchstaben, Zahlen und Sonderzeichen)?
- ☐ Ist eine regelmäßige Änderung des Passwortes vorgesehen?
- ☐ Ist der Bildschirmschoner passwortgesichert?
- ☐ Existieren gestaffelte Zugriffsrechte der Mitarbeiter?
- ☐ Werden personenbezogene Daten – soweit möglich – pseudonymisiert?
- ☐ Sind externe Datenträger verschlüsselt?
- ☐ Sind Computer mit Internetzugang ausreichend geschützt (Firewall, Router, Virenschutz, Spamfilter)?
- ☐ Erfolgt einmal täglich eine Datensicherung? Wird der Datenträger sicher verwahrt (Safe)?
- ☐ Werden die Datenträger der Sicherungskopie regelmäßig (mindestens einmal im Monat) auf ihre Funktionsfähigkeit geprüft?
- ☐ Wird der Datenschutz (Apothekergeheimnis) beachtet, wenn die EDV per Fernwartung durch externe Stellen betreut wird?
- ☐ Werden zum Schließen von Sicherheitslücken regelmäßig Updates des Betriebssystems und der Software vorgenommen?

- ☐ Wird bei der Entsorgung alter Hardware dafür Sorge getragen, dass keine personenbezogenen Daten mehr auf den Geräten befindlich sind (einfaches Löschen reicht in der Regel nicht, da Daten reproduzierbar sind)?
- ☐ Erfolgt bei der Datenübermittlung personenbezogener Daten per E-Mail eine Verschlüsselung?
- ☐ Entspricht das E-Mail-Impressum den gesetzlichen Vorgaben?

2.6 Die Internetpräsentation

Viele Apotheken nutzen die Möglichkeiten des Internets, sich nach außen zu präsentieren und auf sich aufmerksam zu machen. Das Internet bietet damit eine Plattform, auch Interessenten zu erreichen, die sich nicht im unmittelbaren Umfeld befinden. Die Internetpräsentation der Apotheken geht über eine einfache Information mit Notdienstbereitschaften, Anfahrtsskizze und Parkmöglichkeiten bis zu detaillierter Produktdarstellung mit umfangreichen Bestellmöglichkeiten im Wege des Versandhandels.

Mit Blick darauf, dass man sich mit einer Internetpräsentation sehr weiten Kundenkreisen öffnet und damit einhergehend auch schneller Fehler durch Dritte bemerkt und sanktioniert werden können, ist es sinnvoll, sich bei der Gestaltung der Website der Apotheke fachlich kompetent beraten zu lassen. Firmen, die sich professionell mit der Gestaltung von Internetauftritten befassen, sind in der Regel mit den Erfordernissen und Risiken des Onlineauftritts vertraut. So sind neben den Vorschriften des Datenschutzes und des Telemediengesetzes beispielsweise auch Urheberrechte zu beachten.

Finden sich im Impressum, in der Datenschutzerklärung oder bei Angeboten auf der Website der Apotheke Unrichtigkeiten oder fehlen diese Pflichtangaben ganz, so stellt dies eine Ordnungswidrigkeit dar und kann mit Geldbußen belangt werden.

In der Praxis ebenfalls häufig und für die Apotheke unangenehm ist es, dass der damit gleichzeitig vorliegende Wettbewerbsverstoß zu einem Unterlassungsanspruch führt, der im Wege einer kostenpflichtigen Abmahnung mit strafbewehrter Unterlassungserklärung durchgesetzt wird. Das verursacht nicht nur Ärger, sondern auch hohe Kosten zu Lasten des Apothekeninhabers.

Tipp

Erhält man eine Abmahnung, sollte man diese unbedingt rechtskundig prüfen lassen. Nicht selten wird im Wege von „Abmahnwellen" auch rechtsmissbräuchlich, (teilweise) unzutreffend und verbunden mit völlig überzogenen finanziellen Forderungen abgemahnt.

Nach Art. 25 DS-GVO sind wichtige Drundsätze des Datenschutzes die Vorgaben **„datenschutz by design und default"** (Datenschutz durch Technikgestaltung und Datenschutzfreundliche Voreinstellungen).
Datenschutz durch Technikgestaltung beinhaltet beispielsweise:

- Firewall oder Router gemäß dem Stand der Technik
- Klare und hierarchische Rechtestrukturen
- Antivirensoftware (regelmäßige Updates)
- Mobile-Device-Management
- Zugriffsprotokollierung
- Verschlüsselung der Daten
- Sicherstellung der Löschung von Daten
- Sicherstellung und Kontrolle der Auftragsverarbeitung durch Softwareanbieter, Rechenzentren etc.
- Schulung der Mitarbeiter zum sachgerechten und datenschutzkonformen Umgang mit Technik usw.

Datenschutzfreundliche Voreinstellungen sind vor allen Dingen bei der Gestaltung von Webseiten zwingend zu beachten und umzusetzen. Zu beachten sind beispielsweise:

- Klare und sichere Zugangsregelungen
- Verschlüsselung der Daten
- Löschbarkeit der Daten
- Datenminimierung (nur notwendige Daten erfragen)
- Keine Cockies
- Keine Protokollierung von Nutzerverhalten
- Keine Analyse von Nutzerverhalten
- Elektronische Einwilligungserklärung mit Douple-Opt-In-Verfahren
- Informationen zur Datenverarbeitung usw.

2.6.1 Das Impressum

Für einen Internetauftritt der Apotheke sind zunächst die allgemeinen Informationspflichten nach § 5 TMG – Telemediengesetz einschlägig.[76] Diese Anbieterkennzeichnung dient dem Verbraucherschutz und ermöglicht es dem (potentiellen) Kunden, die Seriosität der Apotheke zu überprüfen.

Zum Impressum einer Apotheke gehören die folgenden Angaben:

- Vollständiger Name der Apotheke/Rechtsform mit postalischer Anschrift (kein Postfach!),
- Inhaber/Vertretungsberechtigter der Apotheke mit vollem Vor- und Zunamen,
- Kontaktinformationen: E-Mail-Adresse (zwingend!) und Telefonnummer, Faxnummer,
- Datenschutzbeauftragter (keine Pflichtangabe nach TMG, jedoch zu empfehlen)
- Umsatzsteuer-Identifikationsnummer,

76 Telemediengesetz vom 26.02.2007 (BGBl. I S. 179), zuletzt geändert durch Art. 1 des Gesetzes vom 28.09.2017 (BGBl. I S. 3530)

- Handelsregister mit Handelsregisternummer,
- zuständige Aufsichtsbehörde,
- zuständige Berufskammer,
- gesetzliche Berufsbezeichnung und Staat, in welchem diese verliehen wurde,
- berufsrechtliche Regelungen und Zugangsmöglichkeit.

Das Impressum sollte, ebenso wie alle anderen Angaben der Internetpräsentation, regelmäßig kontrolliert und gegebenenfalls aktualisiert werden. Tabelle 10 zeigt ein Muster-Impressum für eine Apotheke mit den dazugehörigen Vorschriften des Telemediengesetzes (TMG).

Inhalt	TMG
Apothekerin Daniela Mustermann eingetragene Kauffrau, Muster-Apotheke, Musterstraße 12, 00000 Musterhausen	§ 5 Abs. 1 Nr. 1
Tel.: ....../Fax: ...... E-Mail-Adresse: ...... - Datenschutzbeauftragter: Dr. Hans Muster, Muster-Apotheke, Musterstraße 12, 00000 Musterhausen Tel.: ....../Fax: ...... E-Mail-Adresse:	§ 5 Abs. 1 Nr. 2
Aufsichtsbehörde: Regierungspräsidium Musterland, Musterplatz 1, 00000 Musterhausen	§ 5 Abs. 1 Nr. 3
Registergericht Musterhausen Handelsregisternummer: HRA 01234	§ 5 Abs. 1 Nr. 4
Zuständige Kammer: Landesapothekerkammer Musterland, Musterstraße 1, 00000 Musterhausen	§ 5 Abs. 1 Nr. 5 a
Gesetzliche Berufsbezeichnung: Apothekerin, verliehen in der Bundesrepublik Deutschland	§ 5 Abs. 1 Nr. 5 b
Berufsrechtliche Regelungen: Berufsordnung der Apotheker, Apothekenbetriebsordnung (Hinweis, wo die Regelungen nachgelesen werden können/häufig mit Link auf den Text der gesetzlichen Regelungen)	§ 5 Abs. 1 Nr. 5 c
USt.-Identifikationsnummer: DE 0000000	§ 5 Abs. 1 Nr. 6
ggf. Information nach dem Verbraucherstreitbeilegungsgesetz (VSBG)	
ggf. Medizinproduktebeauftragte/r gemäß Medizinprodukte-Betreiberverordnung (MPBetreibV)	

Tab. 10: Muster eines Impressums für eine Apotheke

Die Angaben des Impressums müssen leicht erkennbar, unmittelbar erreichbar und ständig verfügbar sein. Nach der Rechtsprechung des Bundesgerichtshofes ist ein Erreichen der Anbieterkennzeichnung über zwei Links ausreichend.

Aus anderen Bestimmungen können sich weitere Kennzeichnungs- und Informationspflichten ergeben, beispielsweise bei Dienstleistungsangeboten über das Internet (Widerrufsbelehrungen bei Fernabsatzverträgen etc.).

Mit Blick auf die sich in diesem Bereich ständig ändernden Vorgaben sind eine gründliche Zusammenstellung der notwendigen Angaben und eine regelmäßige Kontrolle auf Vollständigkeit unerlässlich.

2.6.2 Weitere Erfordernisse des Internetauftrittes

Weiterhin sind bei einer Internetpräsentation unter Anderem folgende wichtige Aspekte zu beachten:

- das Vorhandensein einer umfassenden Datenschutzerklärung unter Berücksichtigung der Informationspflichten nach DS-GVO,
- keine Gestaltung der Internetpräsentation mit Bildern, Texten, Layouts etc., deren Verwendung gegen Urheberrechte verstößt,
- die Zustimmung der Mitarbeiter und Kunden, sofern personenbezogene Daten, Bilder oder Referenzen auf der Website präsentiert werden,
- die Nennung des Verantwortlichen für den Inhalt,
- der Haftungsausschluss für Inhalte verlinkter Seiten.

Das Vorhandensein einer umfassenden Datenschutzerklärung

In der in allgemeinverständlicher Form zu verfassenden Datenschutzerklärung muss der Nutzer unter Beachtung der datenschutzrechtlichen Informationspflichten der Art. 12 bis 14 DS-GVO zu Beginn der Nutzungsvorganges umfassend über Art, Umfang und Zweck der Erhebung und Verwendung sowie über die Verarbeitung seiner Daten unterrichtet werden. Er ist zu informieren, ob auf der Website der Apotheke personenbezogene Daten erfasst und gespeichert werden. Werden Cookies oder andere Techniken zur Bildung eines Nutzerprofils verwendet, ist das in der Datenschutzerklärung mitzuteilen. Gleiches gilt für den Einsatz von Analysetools. Weiterhin muss umfassend über die Rechte des Betroffenen informiert werden (Löschung, Sperrung, Berichtigung etc.). Gleiches gilt für die Benennung des Datenschutzbeauftragten.

Die Datenschutzerklärung sollte auch die Information beinhalten, dass durch die Apotheke die datenschutzrechtlichen Bestimmungen eingehalten werden und alle Mitarbeiter der Apotheke und etwaige beauftragte Unternehmen zur Verschwiegenheit und auf das Datengeheimnis verpflichtet wurden.

Ermöglicht die Apotheke über die Webseite die Kontaktaufnahme (Eingabe von personenbezogenen Daten zum Beispiel bei der Vorbestellung von Medikamenten), muss unbedingt vor Übermittlung der Daten die Kenntnisnahme der Datenschutzerklärung mit den Informationspflichten nach DS-GVO bestätigt werden.

Der Haftungsausschluss

Häufig enthalten die Internetseiten der Apotheken weiterführende Links beispielsweise zur Website der Filialapotheke, der Apothekerkammer oder Dritten. Generell sollte man bei der Verlinkung anderer Webseiten eher zurückhaltend sein. Teilweise wird in der Rechtsprechung zur Vermeidung von etwaigen Haftungsrisiken eine Distanzierung von den Inhalten verlinkter Seiten verlangt.[77] In der Praxis lauten solche Haftungsausschlüsse beispielsweise wie folgt:

„Haftungsausschluss für Inhalte verlinkter Seiten
Sofern von der Website unserer Apotheke direkt oder indirekt auf fremde Webseiten außerhalb unseres Verantwortungsbereiches verwiesen wird, kommt eine etwaige Haftung der Apotheke nur in Betracht, wenn die Apotheke Kenntnis von rechtswidrigen Inhalten dieser Webseiten hat und es technisch möglich und zumutbar wäre, die Nutzung im Falle rechtswidriger Inhalte zu verhindern. Zum Zeitpunkt der Linksetzung waren keinerlei illegale bzw. rechtswidrige Inhalte auf den zu verlinkenden Seiten erkennbar.

Da wir auf keinerlei Einfluss auf die aktuellen bzw. zukünftigen Inhalte der verlinkten Webseiten haben, distanzieren wir uns hiermit ausdrücklich von allen nach der Linksetzung veränderten Inhalten der von uns verlinkten Webseiten. Für Inhalte und Gestaltung der verlinkten Seiten ist ausschließlich der jeweilige Betreiber der Website verantwortlich."

Ungeachtet dessen sollte unbedingt eine regelmäßige Kontrolle der Inhalte verlinkter Seiten erfolgen. Als problematisch und prüfintensiv können sich für die Apotheke dabei Gästebücher, Diskussionsplattformen oder ähnliche Datenbanken auf der eigenen oder auf verlinkten Webseiten erweisen, die Einträge Dritter ermöglichen.

2.6.3 CHECKLISTE INTERNETPRÄSENTATION

- ☐ Wird die Internetpräsentation der Apotheke regelmäßig aktualisiert?
- ☐ Sind die Vorgaben des Telemediengesetzes und der Datenschutz-Grundverordnung berücksichtigt worden, insbesondere zum Impressum und zur Datenschutzerklärung?
- ☐ Existiert ein Haftungsausschluss für Inhalte verlinkter Seiten?
- ☐ Wurden bei der Gestaltung der Website Copyright und Urheberrechte beachtet?
- ☐ Ist die Zustimmung der Personen eingeholt worden, die auf der Website zu sehen sind oder deren personenbezogene Daten dort mitgeteilt werden?

2.7 Exkurs WhatsApp

Aus Sicht der Bundesapothekerkammer ist eine Nutzung von „Whats app" für Apotheken nicht moglich. Keinesfalls darf „Whats app" von der Apotheke als Kommunikationsmittel be-

77 Landgericht Hamburg, Urteil vom 18. Mai 2012 zum Aktenzeichen 324 O 596/11, abrufbar unter *openjur.de/u/404386.html*, Zugriff: 09.04.2018

worben werden. Es handelt sich bei „Whats app" um ein Tochterunternehmen von „Facebook". Mindestens die gespeicherten Kontaktdaten werden an „Facebook" übermittelt. Dementsprechend erfolgen Datenübermittlungen ins nichteuropäische Ausland, die besonderer datenschutzrechtlicher Ausgestaltung bedürfen. Benötigt werden beispielsweise Vereinbarungen zur Auftragsverarbeitung mit „Whats app", die durch die Apotheke kontrolliert werden müssten. Zum Teil wird durch Gerichte vertreten, dass darüber hinaus jede als Kontakt gespeicherte Person ihre schriftliche Einwilligung in die Übermittlung der Daten an „Facebook" erteilen muss.[78] Die Apotheke sollte für die Übermittlung von Rezepten per Handy daher Alternativen in Form spezieller, geeigneter Apps anbieten und dies an die Kunden kommunizieren.

78 AG Bad Hersfeld, Urteil abrufbar unter: www.lareda.hessenrecht.hessen.de/lexsoft/default/hessenrecht_lareda.html#docid:786091", Zugriff: 23.03.2018

3 Der Mitarbeiterdatenschutz

3.1 Personaldaten

Neben Kundendaten sind natürlich auch die Daten der Beschäftigten der Apotheke personenbezogene Daten, die umfassend zu schützen sind. Die wenigsten Apotheken verfügen über eine klassische Personalabteilung mit eigenen, gut gesicherten Räumlichkeiten. Oft werden die Personalunterlagen im Büro der Apothekenleitung untergebracht, welches häufig für alle Mitarbeiter zugänglich ist. Gerade in diesem Fall sind umfassende Vorkehrungen zu treffen, damit sichergestellt ist, dass nur die Apothekenleitung und (sofern existent) der Mitarbeiter der Personalabteilung Zugang zu diesen Dokumenten hat.

Personaldaten können klassisch in Aktenform oder im Computer erfasst werden.

3.1.1 Die Personalakte

Die Personalakten sind separat in einem abgeschlossenen Schrank in einem abgeschlossenen Raum zu verwahren. Zugriff und damit Schlüsselbesitz darf es nur für den Apothekenleiter beziehungsweise die Mitarbeiter der Personalabteilung geben.

Achtung
Schränke beziehungsweise Räume, die zwar verschließbar, aber unverschlossen sind, reichen nicht aus.

3.1.2 Personaldatenspeicherung im Computer

Die vielerorts zu verzeichnende Tendenz zum „papierlosen" Büro führt dazu, dass auch Personaldaten häufig im Computer geführt werden. Der Arbeitgeber hat mit Blick auf die daraus resultierenden erhöhten Risiken bezüglich des Datenzugriffs durch unberechtigte Dritte ein umfassendes **Zugriffsberechtigungskonzept** zu erstellen. Es ist sicherzustellen, dass nur die zugriffsberechtigten Personen (Apothekenleitung/Personalabteilung) auf die Personaldaten zugreifen dürfen. Insoweit ist ein umfassender und guter Passwortschutz vorzusehen (Kapitel 2.5.6). Weiterhin sind die Beschäftigtendaten nach außen abzuschotten (Kapitel 2.5.5). Es sind Kontrollmechanismen zu installieren. Insbesondere hat eine Protokollierung sämtlicher Zugriffe zu erfolgen. Letztlich sind die Personaldaten bestmöglich gegen Datenverlust zu schützen (Kapitel 2.5.7).

Merke
Werden Personaldaten elektronisch geführt, muss dafür in der Apotheke ein umfassendes Zugriffsberechtigungskonzept existieren.

3.2 Die Regelungen zum Beschäftigtendatenschutz

Die Datenschutz-Grundverordnung selbst überlässt die Regelungen zum Beschäftigtendatenschutz den Mitgliedsstaaten.[79]

Das Datenschutz-Anpassungs-Umsetzungsgesetz–EU („BDSG neu“) trifft in § 26 eine Regelung, die Bestimmungen zur Zulässigkeit der Datenerhebung-, -verarbeitung und -nutzung für Zwecke des Beschäftigungsverhältnisses enthält. Danach dürfen personenbezogene Daten von Beschäftigten für Zwecke des Beschäftigungsverhältnisses verarbeitet werden, sofern dies für das Bewerbungsverfahren, die Begründung, Durchführung und Beendigung des Beschäftigungsverhältnisses oder zur Erfüllung gesetzlicher oder tariflicher Vorgaben erforderlich ist. Spezielle Vorgaben gelten, wenn die Daten auf Grundlage einer Einwilligung des Beschäftigten verarbeitet werden[80] (z. B: Einwilligung in Fotoveröffentlichungen, die Einführung von Fingerprintsystemen) oder zur Aufdeckung von Straftaten.[81]

Die Regelung gilt nicht nur für automatisierte Daten, sondern auch für Daten in Papierform (Akten, Notizen)[82] und für das Bewerbungsverfahren.[83]

Plant die Apotheke also die Einführung einer Videoüberwachung, hat sie den Verdacht, dass Mitarbeiter Straftaten begehen und will dies überwachen, ist der Einsatz von Ortungssystemen für die Botendienste geplant oder will sie Daten zur Telekommunikation erheben, so sollte vorher unbedingt geprüft werden, welche gesetzlichen Vorgaben existieren.

3.2.1 Das Bewerbungsverfahren

Viele Apotheken suchen zuverlässige Mitarbeiter und inserieren zum Beispiel in der örtlichen Presse. Häufig investieren die Arbeitssuchenden viel Zeit und Geld in ansprechende und aussagekräftige **Bewerbungsunterlagen**. Erhält die Apotheke nach Ausschreibung einer Stelle Bewerbungsunterlagen, sind diese, sofern sie nicht mehr benötigt werden (zum Beispiel bei Vergabe des Arbeitsplatzes an einen anderen Interessenten), auf Kosten der Apotheke an den Bewerber zurückzusenden.

Eine Pflicht zur Rücksendung der Bewerbungsunterlagen besteht jedoch nicht, wenn der Einbehalt vorher (zum Beispiel in der Annonce) angekündigt wurde oder wenn die Bewerbungsunterlagen in Absprache mit dem Bewerber in der Apotheke verbleiben sollen, weil in Kürze Bedarf bestehen könnte.

Beispiel

Geht die PKA in zwei Monaten in Mutterschutz und anschließend in Elternzeit, kann man den Bewerber bitten, die Unterlagen bis dahin in der Apotheke zu belassen, um ihn eventuell für die später frei werdende Stelle zu berücksichtigen.

79 Art. 88 DS-GVO enthält eine Öffnungsklausel für den nationalen Gesetzgeber
80 § 26 Abs. 2 DSAnpUG-EU = BGDS neu
81 § 26 Abs. 1 S. 2 DSAnpUG-EU = BDSG neu
82 § 26 Abs. 7 DSAnpUG-EU = BDSG neu
83 § 26 Abs. 1 S. 1 DSAnpUG-EU „für die Entscheidung über die Begründung des Beschäftigungsverhältnisses…erforderlich“

Bei unaufgeforderten Initiativbewerbungen kann die Rücksendung von einer Kostenerstattung abhängig gemacht werden.

Liegt ein Freiumschlag bei, sind die Unterlagen zurückzuschicken. Andernfalls sind die Unterlagen für eine angemessene Zeit zur Abholung vorzuhalten.

Eine sichere Verwahrung und ordentliche Behandlung der Bewerbungsunterlagen versteht sich von selbst. Eine Weitergabe an Dritte kommt nicht in Betracht. Mitgeteilt werden üblicherweise die nachstehenden Daten des Bewerbers:
Name und Kontaktdaten wie Anschrift, Telefonnummer und E-Mail-Adresse,
Angaben zu fachlichen und persönlichen Fähigkeiten (Berufsabschlüsse, Qualifikationen, Sprachkenntnisse etc.) und zum beruflichen Werdegang, sofern sie für die Tätigkeit in der Apotheke relevant sind.[84]

Zu beachten sind von der Apothekenleitung sowohl während des Arbeitsverhältnisses als auch im Bewerbungsverfahren die Vorschriften des Allgemeinen Gleichbehandlungsgesetzes (AGG).[85] Eine Diskriminierung der Bewerber und Beschäftigten aus Gründen der Rasse, der ethnischen Herkunft, des Geschlechts, der Religion oder Weltanschauung, einer Behinderung, des Alters oder der sexuellen Identität ist verboten.[86] Das führt zu weitreichenden Einschränkungen des Fragerechts im Vorfeld der Begründung des Arbeitsverhältnisses in der Apotheke.

Stellenanzeigen sind so zu formulieren, dass keine verbotenen Merkmale als Voraussetzung für den Arbeitsplatz genannt werden. Neben der Beachtung einer geschlechtsneutralen Ausschreibung sollten Formulierungen wie „jung und dynamisch" zur Vermeidung von Schadensersatzansprüchen unbedingt vermieden werden.[87]

Kommt es zu einem Bewerbungsgespräch, sind von Seiten der Apotheke einige wichtige Grundregeln zu beachten.

- Nach Vorstrafen darf nur gefragt werden, wenn diese einen engen Tätigkeitsbezug aufweisen.[88] In der Apotheke sind in Abhängigkeit von der konkret zu besetzenden Stelle Fragen zu Vorstrafen wegen Vermögensdelikten, BtM-Delikten und wegen Geheimnisverrat denkbar.
- Fragen nach der Gewerkschaftszugehörigkeit oder der politischen Gesinnung sind unzulässig, da nicht erforderlich.[89]
- Nach einer Schwerbeschädigung des Arbeitnehmers darf nicht (mehr) gefragt werden. Möglich ist aber eine Frage nach der Eignung des Bewerbers für die konkrete Tätigkeit.[90]

---

84 Günter Schaub, Ulrich Koch, Rüdiger Link, Arbeitsrechts-Handbuch, 17. Auflage 2017, § 24, Rdnr 4
85 Allgemeines Gleichbehandlungsgesetz vom 14.08.2006 (BGBl. I S. 1897), zuletzt geändert durch Art. 8 des Gesetzes vom 03.04.2013 (BGBl. I S. 610)
86 Günter Schaub, Ulrich Koch, Rüdiger Link, Arbeitsrechts-Handbuch, 17. Auflage 2017, § 36, Rdnr 4
87 Sebastian Schmitz, Tilman Meys „Fit im Arbeitsrecht" – Ein Leitfaden für Apothekenleiter, 1. Auflage 2011, Kapitel B, I S. 21
88 Günter Schaub, Ulrich Koch, Rüdiger Link, Arbeitsrechts-Handbuch, 17. Auflage 2017, § 26, Rdnr 35
89 Günter Schaub, Ulrich Koch, Rüdiger Link, Arbeitsrechts-Handbuch, 17. Auflage 2017, § 26, Rdnr 24, 29
90 Günter Schaub, Ulrich Koch, Rüdiger Link, Arbeitsrechts-Handbuch, 17. Auflage 2017, § 26, Rdnr 23

- Unzulässig sind auch die Fragen nach einer Schwangerschaft (Ausnahme: Beschäftigungsverbot nach Mutterschutzgesetz), nach Heiratsabsichten oder nach dem Beruf des Ehegatten.[91]
- Auch die Recherchemöglichkeiten des Arbeitgebers über das Internet sind hinsichtlich der Nutzung sozialer Netzwerke eingeschränkt. Soweit diese der Kommunikation dienen (z. B. facebook, studiVZ), darf sich der Arbeitgeber daraus nicht über den Bewerber informieren. Nutzbar hingegen sind soziale Netzwerke, die zur Darstellung der beruflichen Qualifikation ihrer Mitglieder bestimmt sind (z. B. Xing, Linked In).[92]
- Gängig ist es, frühere Arbeitgeber des Bewerbers zu dessen beruflichen Fähigkeiten und Leistungen zu befragen. Eine solche Datenerhebung bei Dritten ist nur mit Einwilligung des Bewerbers zulässig.[93] Für Telefonate mit dem früheren Chef muss der Bewerber also vorher seine Zustimmung geben.

Gesundheitliche Untersuchungen der Bewerber durch Ärzte im Rahmen des Bewerbungsverfahrens werden in der Apotheke im Regelfall nicht notwendig sein. Ist die Erfüllung bestimmter gesundheitlicher Anforderungen eine wesentliche und entscheidende berufliche Anforderung bei Tätigkeitsbeginn und findet eine solche Untersuchung mit Einwilligung des Betroffenen statt, so erfährt der Arbeitgeber nur das Ergebnis (geeignet: ja/nein). Die genaue Diagnose und das vollständige Untersuchungsergebnis des Arztes werden dem Arbeitgeber nicht mitgeteilt.[94]

Ähnliches gilt für die Durchführung von **psychologischen Eignungstests**. Die Art und der Umfang des Tests hängen entscheidend von der zukünftigen Tätigkeit ab, für die die Eignung des Bewerbers festgestellt werden soll. Der Test muss mit Einwilligung des Bewerbers erfolgen und ist an strenge Vorgaben gekoppelt.[95] Der Bewerber ist über das Ergebnis des Eignungstests zu informieren.

Merke

Im Rahmen der Bewerbung und des Bewerbungsgesprächs mit einem potenziellen Mitarbeiter sind zahlreiche Beschränkungen des Fragerechtes zu beachten. Die Apothekenleitung sollte das Bewerbungsgespräch deshalb im Beisein eines Zeugen führen.

3.2.2 Das Beschäftigungsverhältnis

Besteht das Beschäftigungsverhältnis, so ist dem Arbeitgeber ein Umgang mit den personenbezogenen Daten der Mitarbeiter der Apotheke zum Zwecke der Durchführung des Beschäftigungsverhältnisses möglich.[96] Datenverarbeitungen zur Kontrolle der Arbeitsleistung oder der Zuverlässigkeit eines Beschäftigten sind eingeschlossen.[97] Zu beachten ist aber im-

91 Günter Schaub, Ulrich Koch, Rüdiger Link, Arbeitsrechts-Handbuch, 17. Auflage 2017, § 24, Rdnr 22, 25
92 Günter Schaub, Ulrich Koch, Rüdiger Link, Arbeitsrechts-Handbuch, 17. Auflage 2017, § 26, Rdnr 11a
93 Günter Schaub, Ulrich Koch, Rüdiger Link, Arbeitsrechts-Handbuch, 17. Auflage 2017, § 147, Rdnr 45 mit weiteren Nachweisen
94 Europäischer Gerichtshof, Urteil vom 05.10.1994, NJW 1994, S. 3005, 3007
95 Sebastian Schmitz, Tilman Meys „Fit im Arbeitsrecht“ – Ein Leitfaden für Apothekenleiter, 1. Auflage 2011, Kapitel B, II S. 27f.
96 § 26 Abs. 1 S. 1 DSAnpUG-EU
97 Tim Wybitul, Handbuch Datenschutz im Unternehmen, 1. Auflage 2011, Kommentar zu § 32 BDSG, Ziffer 2.a), S. 311

mer der Grundsatz der Verhältnismäßigkeit, also eine Abwägung der Arbeitgeberinteressen (Apotheke) gegenüber dem Persönlichkeitsrecht des Mitarbeiters (siehe Kapitel 1.1.1).

Erfassbar sind beispielsweise Daten, die für eine Sozialauswahl bei einer Kündigung Relevanz haben können. Dazu gehören zum Beispiel etwaige Unterhaltsberechtigte, das Lebensalter und die Dauer der Betriebszugehörigkeit des Mitarbeiters der Apotheke. Unzulässig ist hingegen eine umfassende Datensammlung zur Erstellung von Persönlichkeitsprofilen. Das ist unangemessen[98] und verstößt gegen das Persönlichkeitsrecht des Arbeitnehmers.

Lohn- und Gehaltsdaten sind vertraulich zu behandeln. Entsprechende Abrechnungen sind immer an den betreffenden Mitarbeiter persönlich und in einem verschlossenen sowie mit dem Stempel der Apotheke versehenen Briefumschlag auszuhändigen.

Der Mitarbeiter der Apotheke kann jederzeit und ohne besonderen Anlass Einsicht in seine Personalakte verlangen.[99] Damit steht ihm die Möglichkeit offen, die dort über ihn gesammelten Daten und sonstigen Unterlagen zu prüfen und notfalls gegen ihren Verbleib in der Personalakte vorzugehen.

Merke
Der gesetzliche Arbeitnehmerdatenschutz unterliegt permanenten Veränderungen. Die Apothekenleitung muss sich dazu über die geltenden Bestimmungen und die aktuelle Rechtsprechung informieren.

3.2.3 CHECKLISTE BESCHÄFTIGTENDATENSCHUTZ

- ☐ Werden Personaldaten in Aktenform sicher verwahrt (unter Verschluss, Zugriffsberechtigung etc.)?
- ☐ Existiert bei Personaldatenspeicherung im PC ein Zugriffsberechtigungskonzept und wird dieses strikt umgesetzt?
- ☐ Sind die gesetzlichen Vorgaben für den Beschäftigtendatenschutz bekannt?
- ☐ Werden Bewerbungsunterlagen nicht berücksichtigter Bewerber bei Stellenausschreibungen zurückgesandt?
- ☐ Werden bei unaufgeforderter Übersendung von Bewerbungsunterlagen diese zur Abholung aufbewahrt?
- ☐ Ist der Apothekenleitung bekannt, welche Fragen im Bewerbungsgespräch unzulässig sind beziehungsweise welche Recherchen, Tests und Untersuchungen nur mit Einwilligung des Bewerbers möglich sind?
- ☐ Weiß die Apothekenleitung, welche Daten beim Bewerbungsgespräch und während des Beschäftigungsverhältnisses erhoben, verarbeitet und genutzt werden dürfen?
- ☐ Werden neue Mitarbeiter informiert, welche Daten im Rahmen des Beschäftigungsverhältnisses verarbeitet werden?

98 A. a. O., Rdnr 184, S. 101 mit weiteren Nachweisen
99 Günter Schaub, Ulrich Koch, Rüdiger Link, Arbeitsrechts-Handbuch, 17. Auflage 2017, § 148, Rdnr 8 mit weiteren Nachweisen

4 Der Datenschutzbeauftragte

Einer der wichtigsten Helfer bei der Umsetzung des Datenschutzes in der Apotheke und der Wahrung der Schweigepflicht sowie des Apothekergeheimnisses ist der Datenschutzbeauftragte. Bei ordentlicher Ausübung seiner Tätigkeit als Datenschutzbeauftragter sollte die Apothekenleitung dessen Hinweise und (berechtigte) Kritik in Sachen Datenschutz aufgreifen und gemeinsam nach Lösungen suchen. Ein guter Datenschutzbeauftragter bindet zwar zeitliche und finanzielle Mittel, wird aber die Apotheke im Gegenzug sicherer machen und vor unnötigen Datenschutzverstößen und den damit einhergehenden Sanktionen bewahren.

Gesetzliche Bestimmungen zum Datenschutzbeauftragten finden sich in den Artikeln 37 bis 39 DS-GVO und in § 38 BDSG neu (DSAnpUG-EU).

4.1 Braucht die Apotheke einen Datenschutzbeauftragten?

Zunächst stellt sich natürlich die Frage, ob ein Datenschutzbeauftragter überhaupt benötigt wird. Gesetzliche Vorgaben dazu enthalten Art. 37 Abs. 1 DS-GVO und § 38 Abs. 1 BDSG neu.

Die Datenschutzgrundverordnung sieht eine Benennungspflicht vor, wenn **umfangreich besondere Kategorien personenbezogener Daten verarbeitet** werden.[100] Bei Gesundheitsdaten handelt es sich um besondere Kategorien personenbezogener Daten. Es muss sich bei der umfangreichen Datenverarbeitung um eine Kerntätigkeit handeln.[101]

Darüber hinaus ist ein Datenschutzbeauftragter in den folgenden Fällen zu benennen:

- Ein Datenschutzbeauftragter muss dann bestellt werden, wenn in der Regel **mindestens 10 Arbeitnehmer** mit der automatisierten Verarbeitung, Nutzung oder Erhebung personenbezogener Daten beschäftigt sind. Das umfasst zum Beispiel auch die Rezeptbearbeitung und die EC-Karten-Zahlung. Wenn das in der Apotheke der Fall ist, bedarf es ohne jeden Zweifel der Bestellung eines Datenschutzbeauftragten.
- Das Gleiche gilt bei großen Apotheken mit **mindestens 20 Beschäftigten**, die Kontakt mit personenbezogenen Daten haben, auch wenn die Datenverarbeitung nicht automatisiert, sondern in anderer Form erfolgt (Karteikarten, Unterlagen in Papierform).

Gezählt werden neben Vollzeitkräften auch Teilzeitkräfte, freie Mitarbeiter, Auszubildende, Praktikanten und andere arbeitnehmerähnliche Personen[102]. Entscheidend ist der typischerweise bestehende Zustand der Mitarbeiteranzahl. Schwankungen nach oben oder unten sind nicht von Bedeutung.[103]

100 Art. 37 Abs. 1 lit.c DS-GVO

101 Bislang (März 2018) liegt keine Stellungnahme der Aufsichtsbehörden vor, ob Apotheken umfangreich besondere Kategorien personenbezogene Daten verarbeiten.

102 Tim Wybitul, Handbuch Datenschutz im Unternehmen, 1. Auflage 2011, Rdnr 233, S. 135 f., mit weiteren Nachweisen

103 Wolfgang Däubler, Thomas Klebe, Peter Wedde, Thilo Weichert, Bundesdatenschutzgesetz – Kompaktkommentar zum BDSG, 5. Auflage 2016; § 4 f BDSG, Rdnr 18

Weiterhin sieht das Gesetz die Bestellung eines Datenschutzbeauftragten dann zwingend und unabhängig von der Mitarbeiterzahl vor, wenn Datenverarbeitungen vorgenommen werden, die einer **Datenschutz-Folgenabschätzung** nach Art. 35 DS-GVO unterliegen (siehe dazu Kapitel 4.6.3 und Kapitel 7.2). Dazu gehören beispielsweise der Einsatz neuer Technologien mit hohen Risiken für die Betroffenen oder die umfangreiche Verarbeitung besonderer Kategorien personenbezogener Daten.

Die Apotheke verarbeitet personenbezogene Daten mit Gesundheitsbezug häufig unter Einsatz von Rezeptscannern und/oder nutzt Fingerprintsysteme, bei denen biometrische Daten der Mitarbeiter zwecks Bedienerzuordnung erfasst werden. Notwendig sind Datenschutz-Folgenabschätzungen beispielsweise bei einer Videoüberwachung. Vergleichbar sensibel dürfte auch die Einführung von Rezeptscannern oder Fingerprintsystemen in der Apotheke zu bewerten sein.[104] Damit wird eine Vielzahl von Apotheken (auch mit weniger als 10 Mitarbeitern) einen Datenschutzbeauftragten benötigen.

Hinweis

Ein bereits bestellter Datenschutzbeauftragter der Apotheke muss zum 25. Mai 2018 (Inkrafttreten der Datenschutzgrundverordnung) nicht neu benannt werden.

Liegen die gesetzlichen Voraussetzungen nicht vor, ist die freiwillige Benennung eines Datenschutzbeauftragten möglich.[105] Das empfiehlt sich, da nahezu sämtliche Pflichten des Verantwortlichen (= Apotheke) nach der Datenschutzgrundverordnung unabhängig von einer Benennungspflicht bestehen und erfüllt werden müssen.[106] Der Datenschutzbeauftragte stellt dabei eine wichtige Unterstützung dar.

Hinzu kommt, dass im Verstoßfall die freiwillige Benennung eines Datenschutzbeauftragten als mildernder Faktor für Bußgelder berücksichtigt werden kann, da damit interne Kompetenz in Sachen Datenschutz erkennbar wird.[107]

Merke

Bestellen Sie in Ihrer Apotheke einen Datenschutzbeauftragten. Er entlastet die Apothekenleitung!

104 Es bleibt abzuwarten, welche Verarbeitungen perspektivisch als Datenschutz-Folgenabschätzungsrelevant betrachtet werden.
105 Art. 37 Abs. 4 DS-GVO
106 Kühling/Buchner/Bergt, DS-GVO Kommentar, Art. 37, Rdnr 40
107 Kühling/Buchner/Bergt, DS-GVO Kommentar, Art. 37, Rdnr 40

4.2 Interne oder externe Datenschutzbeauftragte

Sofern sich die Apotheke zur Bestellung eines Datenschutzbeauftragten entschlossen hat, stellt sich die Frage, ob ein interner Datenschutzbeauftragter aus dem Mitarbeiterstamm der Apotheke oder ein externer Anbieter ausgewählt wird.[108] Beides hat Vor- und Nachteile.

4.2.1 Der interne Datenschutzbeauftragte

Ein interner Datenschutzbeauftragter kennt im Regelfall das Unternehmen mit all seinen Stärken und Schwächen und ist stets vor Ort. Er weiß, welche Daten woher kommen und wohin sie übermittelt werden, kennt die Datenverarbeitungssysteme und natürlich die Kunden. Da er während seiner regulären Arbeitszeit aktiv wird, fallen zusätzliche Personalkosten nicht an. Die Apothekenleitung hat ihm aber in angemessenem Rahmen Zeit für die Ausübung seiner Tätigkeit einzuräumen und entsprechende Fortbildungen zu ermöglichen und erforderlichenfalls gegenüber der Aufsichtsbehörde nachzuweisen.

Eine Wahrnehmung der Aufgabe durch den Apothekeninhaber ist nicht möglich. Gleiches gilt bei einer großen Nähe zur bestellenden Stelle, wie dies regelmäßig bei Familienangehörigen der Fall ist[109] oder bei einer Selbstkontrolle des Datenschutzbeauftragten, beispielsweise durch IT-Administratoren oder IT-Dienstleister.[110]

Tipp
Bei mehreren Filialapotheken kann ein Mitarbeiter für alle Filialen als Datenschutzbeauftragter bestellt werden.

Der interne Datenschutzbeauftragte genießt im Gegenzug einen besonderen Kündigungsschutz. Er ist während seiner Tätigkeit als Datenschutzbeauftragter und innerhalb eines Jahres nach Beendigung dieser Tätigkeit nur kündbar, wenn er Anlass für eine fristlose Kündigung aus wichtigem Grund gegeben hat.[111] Diese Kündigungserschwerung soll Diskriminierungen des Datenschutzbeauftragten verhindern. Er muss nicht befürchten, seinen Arbeitsplatz zu verlieren, weil er Kritik in Sachen Datenschutz übt. Voraussetzung für den Kündigungsschutz ist eine gesetzliche Pflicht zur Benennung. Eine freiwillige Benennung reicht nicht aus, um den Kündigungsschutz auszulösen.

Sinnvoll zum Nachweis einer Benennung des Datenschutzbeauftragten ist eine schriftliche Benennungsurkunde. Zwingende Voraussetzung einer wirksamen Benennung ist dies jedoch nicht.

108 Art. 37 Abs. 6 DS-GVO
109 Kühling/Buchner/Bergt, DS-GVO Kommentar, Art. 38, Rdnr 41
110 Kühling/Buchner/Bergt, DS-GVO Kommentar, Art. 38, Rdnr 40
111 § 38 Abs. 2 i. V. m. § 6 Abs. 4 BDSG neu

Merke
Als interner Datenschutzbeauftragter sollte ein gut im Unternehmen integrierter Mitarbeiter ausgewählt werden, der zuverlässig und loyal ist, aber auch die Courage hat, etwaige Missstände sachlich anzusprechen.

4.2.2 Der externe Datenschutzbeauftragte

Insbesondere IT-Firmen und Anwälte bieten sich als externe Datenschutzbeauftragte auf dem Markt an. Von einer Bestellung sollte jedoch Abstand genommen werden, wenn der zukünftige externe Datenschutzbeauftragte bereits anderweitig in lukrativen vertraglichen Beziehungen zur Apotheke steht und gebotene Initiativen als Datenschutzbeauftragter unterlassen könnte, um die bestehenden Aufträge nicht zu gefährden[112].

Ein Vorteil ist sicherlich, dass es sich hierbei um Fachleute handelt, die mit den technischen und rechtlichen Rahmenbedingungen in der Regel gut vertraut sind. Andererseits fallen natürlich zum Teil nicht unerhebliche Kosten an und bei der Auswahl sollte genau geschaut werden, welche Leistungen und tatsächlichen Vor-Ort-Aktivitäten Vertragsinhalt sind. Ein Datenschutzbeauftragter, der nur einmal jährlich kurz vor Ort ist, hilft der Apotheke nicht weiter. Eine detaillierte Vertragsgestaltung einschließlich einer Regelung zur Schweigepflicht ist hier unabdingbar.

Für den externen Datenschutzbeauftragten muss ein ständig erreichbarer Ansprechpartner im Unternehmen existieren.[113] Dabei sollte immer bedacht werden, dass der externe Datenschutzbeauftragte bei Erfüllung seiner Aufgaben auch Einblick in die besonderen personenbezogenen Daten der Kunden und Mitarbeiter der Apotheke erhält. Die unbefugte Offenbarung von Privatgeheimnissen durch den Datenschutzbeauftragten ist in § 203 StGB unter Strafe gestellt, so dass ein externer Datenschutzbeauftragter auch bestellt werden kann, wenn Daten betroffen sind, die dem Apothekergeheimnis unterliegen (siehe Kapitel 1.1.3.).

Merke
Bei der Wahl eines externen Datenschutzbeauftragten ist genau zu klären, welche Leistungen zu welchem Preis Vertragsinhalt sind. Sind Beendigungsmodalitäten, die Haftung bei Schlecht- und Nichterfüllung usw. im Sinne der Apotheke geregelt?

112 Wolfgang Däubler, Thomas Klebe, Peter Wedde, Thilo Weichert, Bundesdatenschutzgesetz – Kompaktkommentar zum BDSG, 5. Auflage 2016; § 4 f BDSG, Rdnr 34 mit weiteren Nachweisen
113 A. a. O., Rdnr 59

4.3 Voraussetzungen für die Tätigkeit als Datenschutzbeauftragter

Datenschutzbeauftragter darf nur werden, wer über das erforderliche **Fachwissen im Bereich des Datenschutzrechts und der Datenschutzpraxis** verfügt. Er muss in der Lage sein, die gesetzlich vorgesehenen Aufgaben zu erfüllen[114] Eine bestimmte Ausbildung wird nicht zwingend vorausgesetzt.[115] Allerdings sollte sich der Datenschutzbeauftragte durch Dritte (z. B. fachkundige Mitarbeiter, Externe) unterstützen lassen, wenn ihm in Teilbereichen, z. B. im IT-Bereich oder bei rechtlichen Fragen, Informationen und Fachkenntnisse fehlen.

Auch wenn die Anforderung der Zuverlässigkeit nicht mehr ausdrücklich im Gesetzestext formuliert ist,[116] sollte der Datenschutzbeauftragte diese erfüllen. Ein zuverlässiger Mitarbeiter zeichnet sich durch Belastbarkeit, Loyalität, Gewissenhaftigkeit, Lernbereitschaft und eine gründliche und sorgfältige Arbeitsweise aus. Bezüglich dieser Voraussetzungen kommt sicher ein Großteil der Mitarbeiter für die Funktion des Datenschutzbeauftragten in Betracht, was die Auswahl natürlich nicht wesentlich erleichtert.

Der Datenschutzbeauftragte der Apotheke muss des Weiteren über Kenntnisse auf dem Gebiet der Datenverarbeitung, der Informationstechnik und der betrieblichen Organisation verfügen (Abbildung 9). Der Verantwortliche für die EDV (Administrator, IT-Dienstleister) scheidet aus Gründen der Interessenkollision und zur Vermeidung von Selbstkontrollen für die Funktion des Datenschutzbeauftragten aus. Allerdings ist es hilfreich und sinnvoll, wenn er den Datenschutzbeauftragten nach Kräften unterstützt.

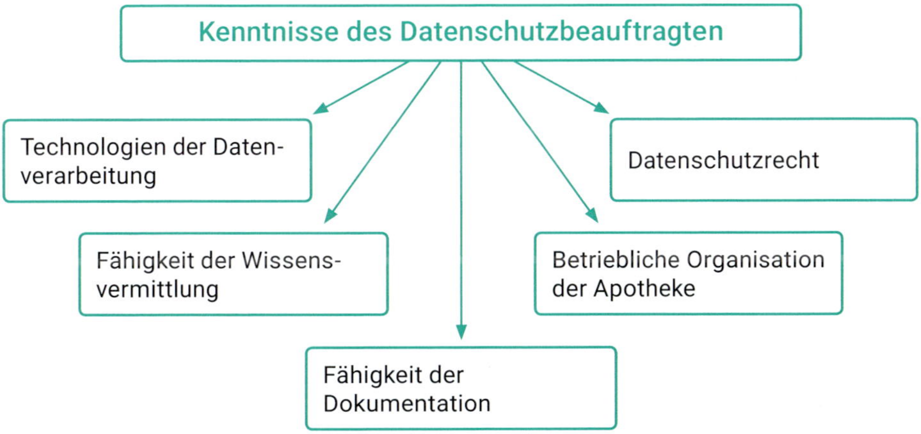

Abbildung 9: Kenntnisse, über die der Datenschutzbeauftragte verfügen muss

114 Art. 37 Abs. 5 DS-GVO

115 Wolfgang Däubler, Thomas Klebe, Peter Wedde, Thilo Weichert, Bundesdatenschutzgesetz – Kompaktkommentar zum BDSG, 5. Auflage 2016;§ 4 f BDSG, Rdnr 28

116 bislang war dies nach § 4f Abs. 2 S. 1 BDSG zwingende Voraussetzung

Der Datenschutzbeauftragte muss weiterhin über Kenntnisse der gesetzlichen Bestimmungen und deren Anwendung in der Apothekenpraxis verfügen. Diese kann man über regelmäßige Fortbildungen, Schulungen und die Lektüre entsprechender Literatur erwerben. Die Apothekenleitung ist verpflichtet, dem Datenschutzbeauftragten die Teilnahme an Fort- und Weiterbildungsveranstaltungen zu ermöglichen und diese zu bezahlen.

Merke

Wenn die Apotheke über einen zuverlässigen Mitarbeiter verfügt, der solide Kenntnisse in der EDV hat und bereit ist, sich mit den rechtlichen Grundlagen vertraut zu machen und die Aufgaben des Datenschutzbeauftragten zuverlässig zu erfüllen, so hat sie einen geeigneten Kandidaten gefunden.

4.4 Die korrekte Benennung

Die Datenschutzgrundverordnung macht keine konkreten Vorgaben zur Form der Benennung des Datenschutzbeauftragten. Allerdings empfiehlt sich aus Nachweisgründen eine schriftliche Benennung, die der Datenschutzbeauftragte mit Unterschrift bestätigen sollte.[117] Auch wenn gesetzlich keine Frist für die Benennung vorgegeben ist, wird davon ausgegangen, dass diese bei Vorliegen der Benennungsvoraussetzungen und vor Aufnahme der Datenverarbeitung[118] erfolgt sein muss. Ist bislang trotz Vorliegen der gesetzlichen Voraussetzungen (Kapitel 4.1) kein Datenschutzbeauftragter bestellt, besteht also **sofortiger Handlungsbedarf**.

Eine Mindestdauer der Bestellung des Datenschutzbeauftragten nennt das Gesetz nicht. Eine Befristung der Tätigkeit sollte mit Blick auf eine unabhängige Tätigkeit und den bestehenden Kündigungsschutz des internen Datenschutzbeauftragten aber vermieden werden.

Ein **Musterformular für eine Benennung** des betrieblichen Datenschutzbeauftragten finden Sie in Anhang 3.

Darüber hinaus kann die Benennung des internen Datenschutzbeauftragten auch in dessen Arbeitsvertrag festgehalten werden. Das ist deshalb sinnvoll, weil der interne Datenschutzbeauftragte für seine Tätigkeit während der Arbeitszeit freizustellen ist, allerdings ohne dafür eine separate Vergütung zu erhalten. Bei einem externen Datenschutzbeauftragten wird ein entsprechender Dienstvertrag mit der Apotheke geschlossen.

Wichtig

Die Kontaktdaten des Datenschutzbeauftragten (= Apothekenanschrift) sind der Aufsichtsbehörde per Post oder online mitzuteilen![119]

Eine Liste der Aufsichtsbehörden ist abrufbar unter:

http://www.bfdi.bund.de/DE/Infothek/Anschriften_Links/anschriften_links-node.html (Zugriff: 08.04.2018)

117 Kühling/Buchner/Bergt, DS-GVO, Art. 37, Rdnr 32

118 Ehmann/Selmayr/Heberlein, DS-GVO, Art. 37, Rdnr 17

119 Art. 37 Abs. 7 DS-GVO

Es ist Folgendes sicherzustellen:
- die **nachweisbare Benennung** des Datenschutzbeauftragten,
- der Vermerk im Arbeitsvertrag/alternativ der Abschluss eines Dienstvertrages
- sowie die Meldung der Kontaktdaten des Datenschutzbeauftragten an die zuständige Aufsichtsbehörde.

4.5 Die Stellung des Datenschutzbeauftragten in der Apotheke

Der Datenschutzbeauftragte genießt in der Apotheke eine hervorgehobene Stellung, die der Wichtigkeit seiner Aufgaben für das Unternehmen Rechnung trägt. Gesetzliche Regelungen dazu finden sich in Art. 38 DS-GVO. Der Datenschutzbeauftragte ist unmittelbar der Leitung unterstellt, in der Ausübung seiner Tätigkeit als Datenschutzbeauftragter jedoch weisungsfrei.[120] Damit soll sichergestellt werden, dass er seine Aufgaben unabhängig ausübt.

Allerdings hat der Datenschutzbeauftragte gegenüber dem Apothekeninhaber auch keine Weisungsrechte oder Entscheidungsbefugnisse. Seine Aufgabe ist es, regelmäßig die ihm obliegenden Aufgaben zu erfüllen.

Er soll konstruktiv Kritik üben können, ohne dass dies für ihn nachteilige Konsequenzen hat. So darf er wegen der Erfüllung seiner Aufgaben nicht benachteiligt oder in seiner Funktion abberufen werden.[121] Die Unabhängigkeit wird auch durch den weitreichenden gesetzlichen Kündigungsschutz sichergestellt, siehe Kapitel 4.2.1. Da er der Apothekenleitung unmittelbar berichtet, hat er direkten Zugang zum Entscheidungsträger und kann Hinweise und Kritik direkt anbringen, ohne Gefahr zu laufen, dass diese Informationen im laufenden Geschäftsbetrieb untergehen.[122] Über eigene Durchsetzungs- oder Sanktionsmöglichkeiten verfügt er hingegen nicht.

Wechselt der Inhaber der Apotheke, so nimmt der interne Datenschutzbeauftragte sein Amt nicht mit, da er nicht gewählt, sondern durch die frühere Leitungsebene bestimmt wurde. Der neue Apothekeninhaber muss dafür Sorge tragen, dass ein Datenschutzbeauftragter benannt wird.

Die Apotheke als datenverarbeitende Stelle hat den Datenschutzbeauftragten umfassend zu unterstützen und dafür Sorge zu tragen, dass ihm für die Aufgabenerfüllung alle erforderlichen Mittel (zum Beispiel Räume, Geräte, Hilfspersonal) zur Verfügung stehen.[123] Er ist durch die Apotheke über sämtliche datenschutzrelevanten Vorkommnisse zu unterrichten und rechtzeitig einzubinden, wenn neue Datenverarbeitungsprozesse, zum Beispiel die Einführung von Rezeptscannern oder Fingerprintsystemen, geplant sind.

120 Art. 38 Abs. 3 S. 1 DS-GVO
121 Art. 38 Abs. 3 S. 2 DS-GVO
122 Art. 38 Abs. 3 S. 3 DS-GVO
123 Art. 38 Abs. 2 DS-GVO

Der Datenschutzbeauftragte ist in allen datenschutzrechtlichen Belangen unmittelbarer Ansprechpartner für betroffene Personen. Dazu gehören in erster Linie die Kunden, aber auch die Mitarbeiter der Apotheke und die Apothekenleitung.

Achtung
Vergessen Sie auf keinen Fall, den Datenschutzbeauftragten unter den Mitarbeitern der Apotheke bekannt zu machen.
Dazu bieten sich das Einstellungsgespräch und auch regelmäßige Personalschulungen zum Datenschutz, die der Datenschutzbeauftragte durchführen sollte, an.

Es hilft nichts, wenn die Apotheke einen Datenschutzbeauftragten bestellt, dieser jedoch weder bekannt noch erkennbar tätig ist. Fällt der Datenschutzbeauftragte längere Zeit aus (Elternzeit, Krankheit etc.), und ist ihm deshalb eine Erfüllung seiner Aufgaben nicht möglich, empfiehlt es sich, eine Vertretung zu bestellen. Es bietet sich an, den Vertreter bereits bei Bestellung des Datenschutzbeauftragten mit zu benennen und das auch schriftlich zu fixieren. Erforderlich sind eine klare Regelung, wann der Vertreter tätig werden soll, und dessen Kenntnisnahme, zum Beispiel durch eine Unterschrift.

Merke
Der Datenschutzbeauftragte genießt eine hervorgehobene Stellung in der Apotheke. Mit Blick auf dessen wichtige Aufgaben, aber auch auf den weitreichenden Kündigungsschutz, ist eine sorgfältige Auswahl des Datenschutzbeauftragten zwingend erforderlich.

4.6 Aufgaben des Datenschutzbeauftragten in der Apotheke

Die Aufgaben des Datenschutzbeauftragten ergeben sich Art. 39 Abs. 1 DS-GVO. Die Vorschrift regelt in einem Katalog die Mindestaufgaben. Daneben ist es möglich, dem Datenschutzbeauftragten weitere Aufgaben zu übertragen, die jedoch nicht im Interessenkonflikt zur Tätigkeit des Datenschutzbeauftragten stehen dürfen (keine Selbstkontrolle).[124]

Vorrangig hat der Datenschutzbeauftragte Beratungs-, Überwachungs-, Berichtspflichten und ist Kooperationspartner der Aufsichtsbehörden (Abbildung 10). Er kann dazu Kontrollen vornehmen[125] und auch Einblick in vertrauliche Angaben wie Personaldaten oder Daten, die dem Berufsgeheimnis unterliegen, nehmen.[126]

124 Kühling/Buchner/Bengt, DS-GVO Kommentar, Art. 39 Rdnr 10
125 Kühling/Buchner/Bengt, DS-GVO Kommentar, Art. 39 Rdnr 15
126 Bei unbefugten Offenbaren ergibt sich eine eigene Strafbarkeit des Datenschutzbeauftragten aus § 203 StGB.

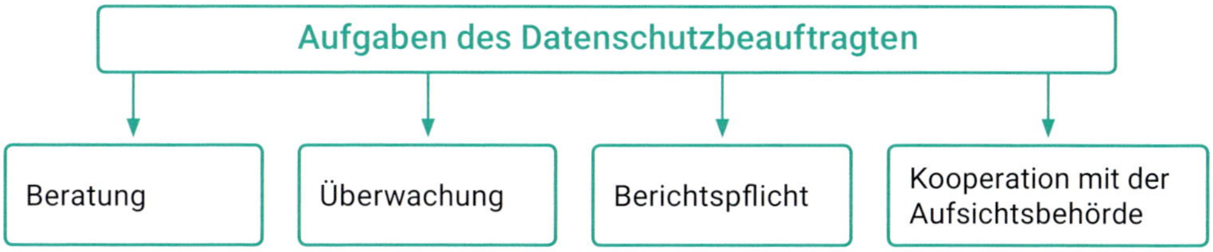

Abbildung 10: Aufgaben des DSB: Beratung, Überwachung, Berichtspflicht, Kooperation mit der Aufsichtsbehörde

Die in Art. 39 DS-GVO gesetzlich geregelten Aufgaben sind:

1. die Unterrichtung und Beratung des Verantwortlichen (Apothekeninhaber) und der Beschäftigten, die Verarbeitungen durchführen, zu den datenschutzrechtlichen Vorgaben,
2. die Überwachung der Einhaltung des Datenschutzes (gesetzliche Bestimmungen und Datenschutzstrategie/-leitbild der Apotheke) einschließlich der Zuweisung von Zuständigkeiten, der Sensibilisierung und Schulung der an den Verarbeitungsvorgängen beteiligten Mitarbeiter und der diesbezüglichen Überprüfungen,
3. Beratung – auf Anfrage – im Zusammenhang mit der Datenschutz-Folgenabschätzung und Überwachung ihrer Durchführung gemäß Art. 35,
4. Zusammenarbeit mit der Aufsichtsbehörde,
5. Tätigkeit als Anlaufstelle für die Aufsichtsbehörde bei Fragen im Zusammenhang mit der Datenverarbeitung einschließlich Konsultation nach Art. 36 und ggf. Beratung zu allen sonstigen Fragen.

Im Rahmen der Aufgabenerfüllung hat der Datenschutzbeauftragte die Risiken der Verarbeitungsvorgänge zu beachten (hoch bei Gesundheitsdaten!), wobei Art, Umfang, Umstände und Zwecke der Verarbeitung zu berücksichtigen sind.

Weiterhin hat der Datenschutzbeauftragte den Anfragen, Hinweisen und Beschwerden der betroffenen Kunden und Mitarbeiter nachzugehen, diese zu beantworten und die Betroffenen zu beraten.[127] Hierbei sollte der Datenschutzbeauftragte das Anliegen des Betroffenen ernst nehmen und diesen nach Aufklärung des Sachverhaltes informieren.

Sofern man einen Datenschutzbeauftragten nicht bestellen muss, ist der Datenschutz umfassend durch die Apothekenleitung sicherzustellen.

Merke
Die gesetzlichen Vorgaben zum Datenschutz sind unabhängig von der Bestellung eines Datenschutzbeauftragten zu beachten und in der Apotheke umzusetzen.

127 Art. 38 Abs. 4 DS-GVO

4.6.1 Unterrichtung und Beratung

Der Datenschutzbeauftragte muss den Apothekeninhaber und die Mitarbeiter der Apotheke darüber informieren, welche Vorgaben die Datenschutz-Grundverordnung und das „BDSG neu" zum Datenschutz stellen.

Dazu gehört nicht nur die Kenntnis und Weitergabe der für die Apotheke relevanten Vorschriften, sondern auch die Unterstützung beim Lösen datenschutzrechtlicher Probleme, die sich bei der Umsetzung der gesetzlichen Regelungen in der Apotheke ergeben.[128]

4.6.2 Überwachung der Einhaltung des Datenschutzes

Ein wichtiger Schwerpunkt der Tätigkeit des Datenschutzbeauftragten liegt in der umfassenden Überwachung der Einhaltung des Datenschutzes. Das umfasst nicht nur die Kontrolle der Einhaltung der rechtlichen Vorgaben, sondern auch die Überwachung der Einhaltung der Datenschutzstrategie des Unternehmens.[129] Dazu gehören neben dem Leitbild der Apotheke (siehe Kapitel 7.3) auch der technische Datenschutz, klare Regelungen zu Zuständigkeiten und Zugriffsrechten, die Sensibilisierung und Schulung der Mitarbeiter und die diesbezüglichen Überprüfungen.

Wichtig

Die Apotheke muss die Datenschutz-Strategie dokumentieren.

Dazu gehören beispielsweise neben

- einem Leitbild (Kapitel 7.3 mit **Muster**)
- die Verzeichnisse der Verarbeitungstätigkeiten (Kapitel 7.1 und **Muster**),
- Verfahrensanweisungen zum Datenschutz, zum Beispiel:
  - zum Umgang mit Betroffenenrechten (Kapitel 6.2),
  - zur Vorgehensweise bei Einholung der Kundenkarteneinwilligung (Kapitel 1.6),
  - zum Umgang mit Datenpannen (Kapitel 6.3,
- schriftliche Regelungen zu Zuständigkeiten der Mitarbeiter und
- Schulungsnachweise für die Teamschulungen.

Es ist deshalb zwingend notwendig, dass der Datenschutzbeauftragte über die technischen Abläufe im Rahmen der Datenverarbeitung in der Apotheke Kenntnis hat und sie bezüglich ihrer Datenschutzkonformität beurteilen kann.

Insbesondere die in Art. 32 DS-GVO und in Art. 25 DS-GVO (siehe Kapitel 1.2) festgeschriebenen technisch-organisatorischen Maßnahmen beinhalten wichtige Vorgaben, an denen sich der Datenschutzbeauftragte orientieren kann. Eine **Checkliste** zu den technisch-organisatorischen Maßnahmen findet sich in Anhang 7.

128 vgl. Erwägungsgrund 77 DS-GVO: Hinweise des Datenschutzbeauftragten hinsichtlich der Durchführung geeigneter Maßnahmen und Einhaltung der Anforderungen der DS-GVO

129 Kühling/Buchner/Bengt, DS-GVO Kommentar, Art. 39 Rdnr 13

Es dürfte wohl für jede Apotheke ein Schreckensszenario darstellen, wenn Kundendaten im Internet kursieren würden oder unbefugte Dritte die Arbeit der Apotheke am Rechner mit verfolgen und kontrollieren könnten. Noch schlimmer ist der Gedanke, dass dies über längere Zeit unbemerkt geschieht. Es ist damit für die Apotheke existenziell, die Datenverarbeitung so zu gestalten, dass sie im Rahmen des Möglichen und dem Stand der Technik entsprechend abgesichert ist.

Nahezu alle Apotheken arbeiten heute mit Apothekensoftware unterschiedlicher Anbieter, die häufig auch per Fernwartung für den ordnungsgemäßen Ablauf der Programme sorgen. Im Rahmen der Vertragsgestaltung mit dem Anbieter der Apothekensoftware sind zwingend die Vorgaben zur Auftragsverarbeitung (siehe Kapitel 5.1) zu beachten. Mit der Verwendung einer gewählten, möglichst am Markt etablierten Apothekensoftware sind bestimmte Funktionen und Einstellungen vorgegeben und teilweise nur bedingt änderbar.

Bei Bedenken oder festgestellten Defiziten muss sich der Datenschutzbeauftragte aber stets mit dem Hersteller in Verbindung setzen und klären, ob die bestehenden Risiken vermeidbar sind. Notfalls ist auch über den Wechsel zu einem anderen Hersteller von Apothekensoftware nachzudenken.

Tipp
Dokumentieren Sie Nachfragen und Hinweise zu Datenschutzthemen beim Softwareanbieter und bleiben Sie hartnäckig!

Der Datenschutzbeauftragte sollte im Rahmen der Überwachung den folgenden Aspekten besondere Aufmerksamkeit schenken, da diese auch die Überprüfung beinhaltet, ob vorgesehene Sicherheitsmaßnahmen greifen:

- der IT-Sicherheit und damit insbesondere dem Schutz vor Elementarschäden, Angriffen von innen und außen sowie technischen Störungen,
- der Umsetzung eines hilfreichen Zugangsschutzverfahrens durch einen guten Passwortschutz und
- einer regelmäßigen Datensicherung.

Was dabei zu beachten ist, wird im Kapitel 2.5 besprochen.

Merke
Die Überwachung der Einhaltung des Datenschutzes ist eine wichtige Aufgabe des Datenschutzbeauftragten. Kommt es hier zu schwerwiegenden Problemen, können diese für die Apotheke existenzgefährdend sein.

Eine weitere wichtige Aufgabe des Datenschutzbeauftragten ist die Sensibilisierung und Schulung des Personals der Apotheke regelmäßig zum Themenbereich „Einhaltung des Datenschutzes" zu schulen. Das ist auch ein guter Anlass, sich in seiner Funktion als Datenschutzbeauftragter bei allen Mitarbeitern in Erinnerung zu bringen.

Tipp
Schulen Sie das Personal zweimal jährlich im Rahmen einer Dienstberatung zum Datenschutz und versäumen Sie nicht, die Schulung ordentlich zu dokumentieren. Lassen Sie sich die Datenschutzbelehrung auf einer Anwesenheitsliste mit den Unterschriften aller Anwesenden quittieren.
Es sollte nicht vergessen werden, fehlende Mitarbeiter nachträglich zu belehren.

Im Rahmen der Datenschutzschulung sollten neben wichtigen Datenschutzregelungen (z. B. Betroffenenrechten wie Auskunft und Löschung) konkrete Probleme aufgegriffen werden, die sich in der Apotheke stellen. Das können beispielsweise Anregungen der Mitarbeiter oder Beschwerden von Kunden sein. Allen Mitarbeitern sollte bewusst werden, dass die Einhaltung des Datenschutzes ein existenzielles Thema der Apotheke ist. Einen Vorschlag, wie eine erste Personalschulung zum Thema Datenschutz aussehen könnte, findet sich auf dem nachstehenden „Spickzettel" (Abbildung 11).

„Spickzettel" Datenschutzschulung
- Einleitung: Warum ist Datenschutz für unsere Apotheke wichtig?
- Vorstellung des Datenschutzbeauftragten
- Wichtige Verhaltensregeln, z. B. Diskretion, Schweigepflicht, Notwendigkeit der Kundenkarteneinwilligung, Dokumentenverwahrung, Informationsherausgabe an Dritte, Verhalten bei der Arbeit am PC, Botendienste, keine Recherchen über das Apothekenrechenzentrum
- Grundsätze und Rechtmäßigkeit der Verarbeitung personenbezogener Daten /Gesundheitsdaten – Art. 5, Art. 6 und Art. 9 DS-GVO
- Welche Rechte hat der Kunde? (insbesondere Auskunftsansprüche, Recht auf Datenportabilität, Widerruf der Einwilligung für die Kundenkarte, Löschung)
- Konsequenzen bei Verstößen für die Apotheke (Bußgelder, zivilrechtliche Schadenersatzansprüche, ...) und den einzelnen Mitarbeiter (arbeitsrechtliche Sanktionen wie Abmahnung oder Kündigung, Strafverfahren, ...)

Abbildung 11: Spickzettel Datenschutzschulung

4.6.3 Beratung im Rahmen der Datenschutz-Folgenabschätzung

Der Datenschutzbeauftragte berät bei der Durchführung der Datenschutz-Folgenabschätzung und überwacht deren Durchführung. Wichtig ist deshalb, den Datenschutzbeauftragten vor der Anschaffung neuer Technologien und Installation datenverarbeitungsrelevanter Prozesse rechtzeitig zu informieren. Andernfalls kann der Datenschutzbeauftragte eine Beratung nicht vornehmen.

Die Durchführung der Datenschutz-Folgenabschätzung obliegt dem Apothekeninhaber. Wie diese durchzuführen ist, wird in Kapitel 7.2 (Muster im Anhang 5) beschrieben.

4.6.4 Zusammenarbeit mit der Aufsichtsbehörde

Das Gesetz sieht eine enge Kooperation zwischen dem Datenschutzbeauftragten der Apotheke und der Aufsichtsbehörde vor. Der Datenschutzbeauftragte ist erster Ansprechpartner für die Behörde.[130]

Sofern sich der Datenschutzbeauftragte an die Aufsichtsbehörde wendet, wird er von dieser unentgeltlich beraten und unterstützt.[131] Eine Verpflichtung des Datenschutzbeauftragten, von sich aus Verstöße der Apotheke gegen datenschutzrechtliche Bestimmungen bei der Aufsicht zu melden, besteht nicht.[132]

4.7 Die Haftung des Datenschutzbeauftragten

4.7.1 Die Haftung der Apotheke

Kommt es aufgrund eines Datenschutzverstoßes dazu, dass der Betroffene **Ansprüche auf Schadenersatz** geltend macht, so wird er im Regelfall die solvente Apotheke als Vertragspartner in Anspruch nehmen. Mit der Apotheke, nicht aber mit dem einzelnen Mitarbeiter oder Datenschutzbeauftragten, steht der Kunde in einem Vertragsverhältnis. Schadenersatzansprüche des Kunden treffen daher die Apotheke, die für einen entsprechenden **Versicherungsschutz** Sorge tragen muss.

Im Falle rechtswidriger und schuldhafter Pflichtverletzung durch die Apotheke sind Schadenersatzansprüche des Geschädigten aus Art. 82 DS-GVO und aus Delikt (§§ 823 ff. BGB) möglich, sofern ein bezifferbarer Schaden entstanden ist (siehe dazu Kapitel 6.5).

Beispiele

Unbefugte verschaffen sich in der Apotheke EC-Kartendaten der Kunden und greifen auf Konten der Kunden zu. Wäre dieser Datenzugriff durch die Apotheke bei Aufwendung der erforderlichen Sorgfalt verhinderbar gewesen, stehen Schadenersatzansprüche im Raum.

Unbefugte verschaffen sich Zugriff auf Daten der Kunden, die Betäubungsmittel in der Apotheke erhalten haben, und veröffentlichen diese im Internet. Hier sind auch Schmerzensgeldansprüche (sogenannter immaterieller Schadenersatz) denkbar.

Die **strafrechtliche Haftung** trifft nicht die Apotheke, sondern den eigentlichen Verursacher. Strafrechtlich kann der Datenschutzbeauftragte bei eigenen Verstößen selbst zur Verantwortung gezogen werden.

§ 203 Abs. 2 a StGB sieht eine eigene Strafbarkeit des Datenschutzbeauftragten vor, wenn dieser unbefugt ein fremdes Geheimnis offenbart, das dem Apotheker in dessen beruflicher

130 Art. 39 Abs. 1 lit.d DS-GVOl
131 Art. 57 Abs. 3 DS-GVO
132 Kühling/Buchner/Bengt, DS-GVO Kommentar, Art. 39 Rdnr 19 mit weiteren Nachweisen

Eigenschaft anvertraut oder sonst bekannt geworden ist und von dem er bei der Erfüllung seiner Aufgaben als Datenschutzbeauftragter Kenntnis erlangt hat. Das ist besonders für den externen Datenschutzbeauftragten relevant, der wegen Verletzung von Privatgeheimnissen anders als die verantwortlichen Apothekenmitarbeiter nicht als „beruflich tätiger Gehilfe" des Apothekers zur Verantwortung gezogen werden kann.

Beispiel
Nimmt der Datenschutzbeauftragte Kontrollen der Datenverarbeitung der Apotheke vor und erhält dabei Kenntnis von Kundendaten des Prominenten XY (Erhalt von Psychopharmaka), die er dann in seinem Bekanntenkreis weitergibt, so ist der Tatbestand der Strafvorschrift verwirklicht.

Merke
Die Apotheke muss über einen ausreichenden Versicherungsschutz für den Fall von Schäden durch Datenschutzverstöße verfügen. Bei vorsätzlichen Datenschutzverstößen regulieren die Versicherungen die Ansprüche nicht.

4.7.2 Die Haftung des externen Datenschutzbeauftragten

Hinsichtlich eines Rückgriffs der Apotheke gegen den Datenschutzbeauftragten ist zu unterscheiden, ob es sich um einen intern oder einen extern bestellten Datenschutzbeauftragten handelt. Erfüllt der externe Datenschutzbeauftragte seine Pflichten nur schlecht oder gar nicht, haftet er grundsätzlich uneingeschränkt bei vorsätzlicher oder fahrlässiger Pflichtverletzung aus dem geschlossenen Dienstvertrag mit der Apotheke. Im Falle von Schadenersatzansprüchen der Betroffenen kann sich die Apotheke daher an den externen Datenschutzbeauftragten halten.

Achtung
Häufig wird die Haftung des externen Datenschutzbeauftragten im Dienstvertrag mit der Apotheke vertraglich eingeschränkt. So finden sich in den Verträgen zum Beispiel Klauseln, wonach der Datenschutzbeauftragte für Pflichtverletzungen nur bei Vorsatz oder grober Fahrlässigkeit haftet. Das kann für die Apotheke im Schadensfall ein Nachteil sein und sollte bereits bei Vertragsabschluss beachtet und im Sinne der Apotheke geregelt werden.

4.7.3 Die Haftung des internen Datenschutzbeauftragten

Der Datenschutzbeauftragte wird nur sehr selten persönlich auf Schadenersatz haften. Eine vertragliche Haftung des Datenschutzbeauftragten gegenüber dem Kunden scheidet aus, da der Datenschutzbeauftragte nicht selbst Vertragspartner des Kunden ist. Möglich ist jedoch eine deliktische Haftung (§ 823 BGB) des Datenschutzbeauftragten gegenüber dem Betroffenen. Dazu muss das allgemeine Persönlichkeitsrecht des Betroffenen durch eine Pflichtverletzung des Datenschutzbeauftragten beeinträchtigt worden sein.

Der Datenschutzbeauftragte hat keine eigenen Entscheidungs- und Weisungsbefugnisse, sodass sich kaum belegen lassen wird, dass seine Intervention den Schadenseintritt verhindert hätte.[133]

Die Apotheke kann den Datenschutzbeauftragten im Innenverhältnis in Anspruch nehmen, wenn sie selbst vom Betroffenen erfolgreich in Anspruch genommen wurde. Im Rahmen dieses innerbetrieblichen Schadensausgleichs bestehen Einschränkungen. Zwischen dem internen Datenschutzbeauftragten/Arbeitnehmer und der Apotheke besteht ein Arbeitsvertrag. Dabei wird die Erbringung einer bestimmten Arbeitsleistung (hier die Erfüllung der Aufgaben des Datenschutzbeauftragten) geschuldet. Bei Schlechterfüllung dieser Aufgaben kann die Apotheke Schadenersatzansprüche gemäß den §§ 280 ff. BGB gegenüber dem Datenschutzbeauftragten geltend machen. Dabei greifen die Grundsätze der beschränkten Arbeitnehmerhaftung. Danach muss für eine Haftung aufseiten des Datenschutzbeauftragten ein vorsätzliches oder grob fahrlässiges Verhalten vorliegen. Auch hier ist zu bedenken, dass der Datenschutzbeauftragte nur begrenzte Möglichkeiten der direkten Einflussnahme hat. Denkbar wäre eine Haftung des Datenschutzbeauftragten, wenn er seine Verschwiegenheitspflicht schuldhaft verletzt oder vorsätzlich bzw. grob fahrlässig falsch oder gar nicht berät.[134]

Keine Verantwortung trägt der Datenschutzbeauftragte, wenn seine Hinweise und Beratung ignoriert werden.[135]

Geldbußen gegen den Datenschutzbeauftragten nach Datenschutz-Grundverordnung sind nicht vorgesehen.

Tipp
Der Datenschutzbeauftragte sollte sich regelmäßig fortbilden und seine Tätigkeit stets gründlich dokumentieren, um ein Haftungsrisiko zu verringern beziehungsweise auszuschließen.

Bei Schlecht- oder Nichterfüllung der Aufgaben des Datenschutzbeauftragten steht der Apotheke die arbeitsrechtliche Sanktion der Abmahnung zur Verfügung. Die Apothekenleitung kann darüber hinaus bei besonders schwerwiegenden Verstößen erwägen, die Bestellung zum Datenschutzbeauftragten zu widerrufen. Insoweit sind aber mit Blick auf das Diskriminierungsverbot analog zum Kündigungsschutz hohe Anforderungen zu stellen. Ein Widerruf kommt nur in Betracht, wenn der Datenschutzbeauftragte fachlich völlig inkompetent ist, wenn die Aufsichtsbehörde für Datenschutz dies verlangt oder in entsprechender Anwendung von § 626 BGB (Kündigung aus wichtigem Grund).[136] Es ist im Einzelfall immer zu prü-

133 C. Bake/B. Blobel/P. Münch,Handbuch Datenschutz und Datensicherheit im Gesundheits- und Sozialwesen, 3. Auflage 2009, Kapitel 3.1, S. 19
134 Kühling/Buchner/Bengt, DS-GVO Kommentar, Art. 37 Rdnr 54
135 wie vor
136 C. Bake/B. Blobel/P. Münch,Handbuch Datenschutz und Datensicherheit im Gesundheits- und Sozialwesen, 3. Auflage 2009, Kapitel 3.1, S. 19

fen, wie schwerwiegend die Mängel bei der Pflichterfüllung sind und welche Konsequenzen sie für die Apotheke haben, um eine dem Vorfall angemessene Sanktion zu verhängen.

Merke

Eine Außenhaftung des Datenschutzbeauftragten ist selten.

Bei internen Schritten der Apotheke gegen ihren Datenschutzbeauftragten ist immer darauf zu achten, dass die Sanktion in einem angemessenen Verhältnis zum vorwerfbaren Verhalten steht.

Der Datenschutzbeauftragte sollte die Erfüllung seiner Aufgaben unbedingt dokumentieren und darauf achten, sich regelmäßig fortzubilden, um im Schadensfall eine ordnungsgemäße Aufgabenerfüllung belegen zu können.

4.8 CHECKLISTE DATENSCHUTZBEAUFTRAGTER

- ☐ Haben Sie einen Datenschutzbeauftragten benannt?
- ☐ Ist die Benennung nachweisbar?
- ☐ Ist allen Mitarbeitern der Apotheke die Person des Datenschutzbeauftragten bekannt?
- ☐ Erfolgen regelmäßig Personalschulungen durch den Datenschutzbeauftragten und werden diese dokumentiert?
- ☐ Kennt der Datenschutzbeauftragte seine gesetzlichen Aufgaben und erfüllt er sie?
- ☐ Wird dem Datenschutzbeauftragten durch die Apotheke eine regelmäßige Fort-/Weiterbildung ermöglicht und Fachliteratur zur Verfügung gestellt?
- ☐ Dokumentiert der Datenschutzbeauftragte seine Tätigkeiten?
- ☐ Verfügt die Apotheke über einen ausreichenden Versicherungsschutz, wenn es durch Datenschutzverstöße zu Schadensfällen kommt?
- ☐ Ist der Aufsichtsbehörde mitgeteilt worden, dass die Apotheke einen Datenschutzbeauftragten hat?

5 Apotheke und Dritte

5.1 Auftragsverarbeitung

Beauftragt die Apotheke externe Auftragnehmer mit der Erhebung, Verarbeitung und Nutzung personenbezogener Daten der Apotheke, spricht man von Auftragsverarbeitung. Dabei wird der Auftragsverarbeiter, zu dem Daten ausgelagert werden, wie ein Teil der verantwortlichen Stelle (= Apotheke) behandelt. Entscheidend ist, dass der Auftragsverarbeiter personenbezogene Daten im Auftrag des Verantwortlichen verarbeitet.[137] Verantwortlich für die datenschutzkonforme Verarbeitung ist die Apotheke. Delegiert sie die Datenverarbeitung auf externe Dienstleister, muss sichergestellt und kontrolliert werden, dass auch der Auftragsverarbeiter entsprechend den gesetzlichen Vorgaben arbeitet.

Beispiele für eine Auftragsverarbeitung sind:
- die ausgelagerte Buchhaltung,
- die Aktenvernichtung und -entsorgung durch ein Unternehmen,
- die Server- und Computerwartung durch IT-Dienstleister (auch Fernwartung),
- die Verarbeitung der Rezeptdaten durch ein Rechenzentrum,
- die Datenverarbeitung durch die Clearingstelle.

Keine Auftragsverarbeitung liegt beispielsweise bei Dienstleistern wie Steuerberatern oder Rechtsanwälten vor, die von der Apotheke eingeschaltet werden. Diese erbringen keine Unterstützungshandlungen, sondern Dienstleistungen eigener Art.[138]

Ebenfalls nicht erfasst sind Dienstleistungen wie Reinigungsarbeiten durch externe Firmen oder in der Apotheke tätige Handwerker, da hier nicht die Verarbeitung personenbezogener Daten geschuldet wird.

Achtung
Die Regelungen für die Auftragsdatenverarbeitung finden sich in den Artikeln 28 bis 31 DS-GVO. Die Vorschriften stellen hohe Anforderungen an die Vertragsbeziehung zwischen Apotheke und externem Auftragnehmer.

Beispiel
Wird die Lohnbuchhaltung ausgelagert und von einem Buchhaltungsbüro vorgenommen, liegt eine Auftragsverarbeitung vor.

137 Art. 4 Nr. 8 DS-GVO
138 Gola/Klug, DS-GVO, Art. 28 Rdnr 5

5.1.1 Was ist durch die Apotheke zu tun?

Zunächst einmal muss die Apothekenleitung den externen Auftragsverarbeiter sorgfältig auswählen. Der Auftragsverarbeiter muss zuverlässig arbeiten und in der Lage sein, den datenschutzrechtlichen Anforderungen und technisch-organisatorischen Maßnahmen gerecht zu werden.

Weiterhin wird eine besondere **vertragliche Vereinbarung** mit genauer Pflichtenbeschreibung zwischen Apotheke und Auftragsverarbeiter verlangt. Art. 28 Abs. 3 DS-GVO schreibt ganz konkret vor, welchen Inhalt die Vereinbarung haben muss.

Tipp
Aufsichtsbehörden beanstanden bei Prüfungen regelmäßig das Fehlen oder die Unvollständigkeit vertraglicher Vereinbarungen zur Auftragsverarbeitung.

Vor Beginn der Datenverarbeitung und anschließend regelmäßig sind durch die Apotheke Kontrollen beim Auftragsverarbeiter erforderlich. Dabei ist die Einhaltung der beim Auftragsverarbeiter getroffenen technischen und organisatorischen Maßnahmen und die Einhaltung der datenschutzrechtlichen Vorgaben durch eigene Recherchen zu prüfen. Das Ergebnis der Kontrollen ist zu dokumentieren.

Merke
Bestehende Verträge mit externen Auftragnehmern zur Auftragsdatenverarbeitung sind zu prüfen und zu ergänzen beziehungsweise zu korrigieren. Ihr Inhalt muss, ebenso wie jeder neu abzuschließende Vertrag zur Auftragsverarbeitung, den Forderungen der Art. 28 Abs. 3 und 29 DS-GVO genügen.

5.1.2 Inhalt der Vereinbarung zur Auftragsdatenverarbeitung

Der Gesetzgeber hat genau geregelt, welchen Inhalt die Vereinbarung zur Auftragsverarbeitung haben muss.

Nach Art. 28 Abs. 3 und 29 DS-GVO müssen die folgenden Punkte geregelt werden:

- Gegenstand und Dauer der Verarbeitung
- Art und Zweck der Verarbeitung
- Art der personenbezogenen Daten
- Kategorien der betroffenen Personen
- Pflichten und Rechte des Verantwortlichen
- Umfang der Weisungsbefugnisse
- Vertraulichkeitsverpflichtung der zur Verarbeitung der Daten befugten Personen
- Sicherstellung der technischen und organisatorischen Maßnahmen
- Hinzuziehung von Unterauftragnehmern
- Unterstützung des Verantwortlichen bei Anfragen und Ansprüchen Betroffener

- Unterstützung des Verantwortlichen bei der Meldepflicht bei Datenschutzverletzungen und der Datenschutz-Folgenabschätzung
- Rückgabe oder Löschung personenbezogener Daten nach Abschluss der Auftragsverarbeitung
- Regelung über den Nachweis der in Art. 28 DS-GVO niedergelegten Pflichten
- Pflicht des Auftragsverarbeiters, den Verantwortlichen unverzüglich zu informieren, falls eine Weisung gegen Datenschutzrecht verstößt
- Kostenregelungen
- Haftungsregelungen

Jeder Vertrag muss daraufhin geprüft werden, ob die vorstehend beschriebenen Punkte geregelt wurden.

Etwaige Weisungen der Apotheke an den Auftragsverarbeiter sind zu dokumentieren.

Merke
Die Auftragsdatenverarbeitung führt für die Apotheke zu einem hohen Aufwand bezüglich zu treffender Regelungen und Kontrollen, die jedoch unbedingt zu beachten sind. Sinnvoll ist es, Auftragsverarbeiter wie Softwareanbieter und Rechenzentren zu kontaktieren und Vereinbarungen zur Auftragsverarbeitung einzufordern, die der geltenden Rechtslage entsprechen. Diese müssen zwingend beinhalten, welche konkreten technisch-organisatorischen Schutzmaßnahmen der Auftragsverarbeiter getroffen hat.

5.1.3 CHECKLISTE AUFTRAGSVERARBEITUNG

- ☐ Existiert mit allen Personen und Firmen, die Daten im Auftrag verarbeiten, eine vertragliche Regelung, die den gesetzlichen Bestimmungen genügt?
- ☐ Erfolgen regelmäßig Kontrollen bei den Auftragsverarbeitern und werden die Ergebnisse dokumentiert?
- ☐ Übermitteln Sie ausschließlich die personenbezogenen Daten an berechtigte Empfänger, die diese zwingend zur Erfüllung ihrer Aufgaben benötigen?

5.2 Dritte in der Apotheke

Sofern Personal aus Fremdfirmen in der Apotheke tätig ist, beispielsweise Reinigungsunternehmen oder Firmen, die Reparaturen oder Umbauarbeiten, vielleicht sogar bei laufendem Apothekenbetrieb, vornehmen, ist unbedingt darauf zu achten, dass diese nicht mit personenbezogenen Daten in Kontakt kommen und nachweislich der Schweigepflicht unterworfen sind.

Entsprechende **Vereinbarungen zur Schweigepflicht** mit diesen Firmen sollten sich schon aus Beweisgründen in Schriftform und im Original in der Apotheke befinden. Darüber hinaus sollte der Zugriff auf (besondere) personenbezogene Daten so weit wie möglich ausgeschlossen sein. Das heißt zum Beispiel:

- Der PC (Passwortsicherung!) sollte während der Apothekenreinigung ausgeschaltet sein.
- Während der Öffnungszeiten sind passwortgeschützte Bildschirmschoner zu verwenden. Diese vermeiden, dass ein einfaches Berühren von Tastatur oder Maus den Bildschirmtext lesbar macht.
- Dritte dürfen nicht allein in den Räumlichkeiten gelassen werden. Das gilt zum Beispiel auch für Mitarbeiter der Lieferanten.

Tipp
Lieferanten stellen auf Nachfrage der Apotheke häufig völlig unproblematisch Schweigepflichterklärungen zur Verfügung, aus denen sich auch eine Verpflichtung aller dort tätigen Mitarbeiter ergibt.

- Alle Schränke mit Unterlagen, die sensible Daten beinhalten, sind abzuschließen.
- Dokumente, die gerade nicht benötigt werden, müssen weggeräumt werden. Es gilt der Grundsatz eines „sauberen Schreibtisches“, besonders nach Feierabend.
- Dokumente mit (besonderen) personenbezogenen Daten dürfen keinesfalls in lesbarer Form in den Papierkorb geworfen werden. Papiervernichter sind zu benutzen.

Merke
Halten sich Dritte mit Zustimmung der Apothekenleitung in der Apotheke auf, ist sicherzustellen, dass diese keinerlei Zugriff auf personenbezogene Daten haben und nachweislich der Schweigepflicht unterworfen sind.

6 Rechte der betroffenen Kunden

Der Kunde ist zunächst umfassend über die Datenverarbeitungsprozesse der Apotheke und seine diesbezüglichen Rechte zu informieren.[139] Es handelt sich dabei um eine Informationspflicht der Apotheke.

Dem Betroffenen, also in der Apotheke in erster Linie dem Kunden, stehen zur Wahrung seiner Rechte verschiedene Ansprüche zur Verfügung. Diese Ansprüche können nicht vertraglich abbedungen werden und stehen dem Betroffenen nur bezüglich der ihn selbst betreffenden personenbezogenen Daten zur Verfügung.[140]

Beispiel
Im von der Apotheke gestellten Kundenkartenantrag ist ein Passus, der einen Widerruf der Einwilligung zur Speicherung personenbezogener Daten durch den Kunden ausschließt, nicht möglich.

Folgende Rechte kann der betroffene Kunde geltend machen:
- Auskunftsrechte (vergleiche Art. 15 DS-GVO),
- Ansprüche auf Berichtigung und Löschung (vergleiche Art. 16 und Art. 17 DS-GVO),
- Rechte auf Einschränkung der Verarbeitung (vergleiche Art. 18 DS-GVO),
- das Recht auf Datenübertragbarkeit (vergleiche Art. 20 DS-GVO).

Bei (vermeintlichen) Verstößen der Apotheke gegen den Datenschutz stehen dem Betroffenen die Möglichkeit der Geltendmachung von zivilrechtlichen Schadenersatzansprüchen, die Erstattung einer Strafanzeige (z. B. wegen Verletzung von Privatgeheimnissen) und die Anrufung der Datenschutzbeauftragten des Bundes und der Länder als Aufsichtsbehörden offen.

6.1 Informationspflichten der Apotheke

Die Apotheke ist verpflichtet, den Kunden zum Zeitpunkt der Erhebung umfassend darüber zu informieren, in welcher Form seine Daten in der Apotheke verarbeitet werden. Entscheidend ist, dass diese Informationen in präziser, transparenter, verständlicher und leicht zugänglicher Form erfolgen und in einer klaren und einfachen Sprache verfasst sind.[141] Mit Blick auf die möglichst genaue Information der Kunden (Datenverarbeitung durch eine Clearingstelle, Rechenzentren etc.) stellt dies eine große Herausforderung dar.

Im ersten Schritt muss die Apotheke deshalb prüfen, wo Kundenkontakt besteht und eine Information erfolgen muss. In Betracht kommt hier die **Offizin**, in der ein Aushang zu den In-

139 Art. 12 bis Art. 14 DS-GVO

140 C. Bake/B. Blobel/P. Münch,Handbuch Datenschutz und Datensicherheit im Gesundheits- und Sozialwesen, 3. Auflage 2009, Kapitel 4.4.2, S. 57

141 Art. 12 Abs. 1 DS-GVO / denkbar sind perspektivisch auch Bildsymbole, vgl. Abs. 7 und 8

formationspflichten bzw. ein Flyer zur Mitgabe erforderlich ist. Darüber hinaus verfügen viele Apotheken über **Webseiten**. Auch diese sind um die Informationspflichten zu ergänzen.

Das Gesetz differenziert, ob eine anwesende Person informiert werden muss oder die Daten von einem Dritten erhalten werden. In der Apotheke wird regelmäßig eine anwesende Person zu informieren sein.

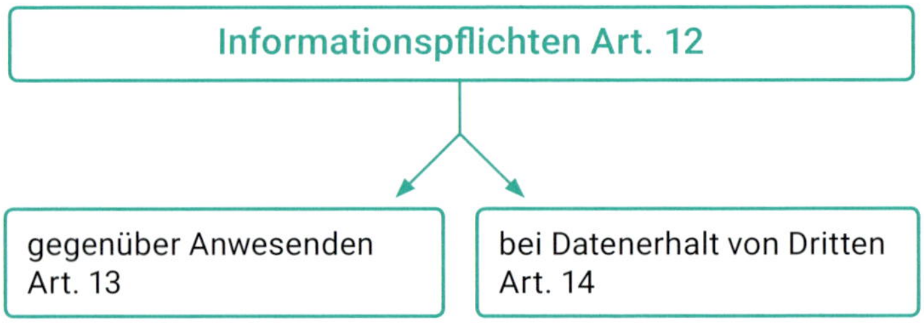

Abbildung 12: Informationspflichten der Apotheke

Entbehrlich ist die Informationspflicht, wenn die betroffenen Personen bereits zu einem früheren Zeitpunkt über die Informationen verfügten.[142] Das gilt insbesondere für Stammkunden.[143]

Tipp
Erfolgt eine Heimbelieferung, sollte neben der Kundenkarteneinwilligung auch der Bogen zu den Informationspflichten der Apotheke bereits bei Abschluss des Heimvertrages an den zu beliefernden Patienten mit ausgehändigt werden (siehe dazu auch Kapitel 1.6).

Es sind nach Art. 13 DS-GVO die folgenden Informationen notwendig, die in einem **Aushang in der Offizin** mitzuteilen sind. Ein **Muster** für einen Apothekenaushang findet sich im Anhang 6.

Informationspflicht bei Erhebung von personenbezogenen Daten bei der betroffenen Person zum Zeitpunkt der Erhebung der Daten nach Art 13 DS-GVO:
- Name und Kontaktdaten des Inhabers
- Kontaktdaten des Datenschutzbeauftragten (falls benannt)
- Zwecke, für die die Daten verarbeitet werden sollen
- Rechtsgrundlage der Datenverarbeitung
- ggf. Nennung der berechtigten Interessen, die verfolgt werden
- ggf. Empfänger oder Kategorien von Empfängern
- ggf. Drittländer oder internationale Organisationen

142 Art. 13 Abs. 4 DS-GVO
143 Der Ausschlussgrund des „Berufsgeheimnisses" nach Art. 14 Abs. 5 lit.d DS-GVO greift nicht für die Informationspflicht im Verhältnis zwischen Berufsgeheimnisträger und Begünstigtem des Berufsgeheimnisses (=Kunde), sondern wenn Gesundheitsdaten Dritter betroffen sind. (Bsp: Kunde teilt Apotheker Gesundheitsdaten des Angehörigen mit); Kühling/Buchner/Bäcker, Art. 14 Rdnr 69

Zum Zeitpunkt der Erhebung:

- Speicherdauer (oder Kriterien für die Dauer der Aufbewahrung)
- Hinweis auf die Betroffenenrechte nach Art. 15, 16, 17, 18, 21, 20 EU-DSGVO
- bei Verarbeitung aufgrund einer Einwilligung: Belehrung zum Widerrufsrecht
- Hinweis, ob die Datenbereitstellung gesetzlich oder vertraglich vorgeschrieben ist
- Hinweis, ob die Daten für den Vertragsabschluss erforderlich sind
- Hinweis, ob eine Pflicht zur Bereitstellung durch den Betroffenen besteht
- Hinweis, welche Folgen die Unterlassung der Bereitstellung der Daten hat
- Hinweis auf das Beschwerderecht bei der Aufsichtsbehörde
- Automatisierte Einzelentscheidungen: weitere Angaben

Ändert sich der Verarbeitungszweck, ist vor der „neuen“ Verarbeitung eine entsprechende Information über die Zweckänderung mit den vorstehenden Angaben gegenüber dem Betroffenen notwendig![144]

Sofern die Daten nicht bei der betroffenen Person, sondern über Dritte erhoben werden, gilt bezüglich der mitzuteilenden Informationen das Vorstehende. Hinzu kommt, dass die Kategorien personenbezogener Daten, die verarbeitet werden, mitzuteilen sind. Weiterhin muss die Datenquelle benannt werden und ob die Daten aus öffentlich zugänglichen Quellen stammen.

Achtung
Die Apotheke benötigt einen Aushang/Flyer zu den Informationspflichten in der Offizin! Der Kunde muss zum Zeitpunkt der Datenerhebung umfassend informiert werden.

6.1.1 CHECKLISTE INFORMATIONSPFLICHTEN

- ☐ Gibt es einen Aushang zu den Informationspflichten in der Apotheke?
- ☐ Ist dieser für die Kunden zum Zeitpunkt der Datenerhebung zugänglich (Aushang in der Offizin)
- ☐ Enthält der Aushang die erforderlichen gesetzlichen Pflichtangaben?
- ☐ Ist sichergestellt, dass auch Kunden, die nicht persönlich in die Apotheke kommen, eine entsprechende Information erhalten? (z. B. Aushändigung an Heimbewohner)
- ☐ Wird der Inhalt regelmäßig auf Aktualität geprüft und ggf. ergänzt?

6.2 Betroffenenrechte

Die Rechte des Betroffenen sind in der Datenschutz-Grundverordnung ausführlich geregelt. Neben Ansprüchen auf Auskunft, Berichtigung und Vervollständigung sowie auf Löschung ist neu, dass auch ein Recht auf Datenübertragbarkeit existiert.

144 Art 13 Abs. 3 EU-DSGVO

Sinnvoll ist es in jedem Fall, Kunden, die sich auf ihre Rechte berufen, an den **Datenschutzbeauftragten** zu verweisen. Dieser kann Anfragen und Beschwerden aufnehmen (immer ausführlich den Sachverhalt schildern lassen!) und steht als kompetenter Ansprechpartner für den Betroffenen zur Verfügung. Er kann anhand des Vorbringens des Kunden zügig prüfen, welche Schritte einzuleiten sind und erforderlichenfalls die Apothekenleitung involvieren. Besonders bei Beschwerden ist es wichtig, dem Betroffenen zu vermitteln, dass sein Anliegen ernst genommen wird. Eine Reaktion auf eine Beschwerde sollte durch die Apothekenleitung erfolgen und mit dem Datenschutzbeauftragten abgestimmt sein.

Achtung
Die nachfolgend dargestellten Ansprüche des Betroffenen gemäß den Art. 15 bis 22 DS-GVO sind unverzüglich, spätestens aber innerhalb eines Monats zu erfüllen.

Werden die Ansprüche auf Löschung, Auskunft, Sperrung, Berichtigung und Datenübertragung von der Apotheke gegenüber dem Kunden abgelehnt, so sind die Gründe der Ablehnung und die Möglichkeit der Beschwerde bei der Aufsichtsbehörde oder die Einlegung eines gerichtlichen Rechtsbehelfs gegenüber dem Betroffenen mitzuteilen.[145] Auch hier gilt die vorgenannte Frist.

Nachfolgend soll auf einige wichtige Betroffenenrechte und die richtige **Reaktion der Apotheke** auf diese Ansprüche eingegangen werden.

6.2.1 Anspruch auf Auskunft

Dem betroffenen Kunden steht ein Auskunftsrecht zu.[146] Das Auskunftsrecht bezieht sich darauf, ob Daten zur Person des Betroffenen in der Apotheke gespeichert werden und – bejahendenfalls – um welche Daten es sich handelt. Voraussetzung des Auskunftsanspruchs ist zunächst, dass der Betroffene Kenntnis von der Datenspeicherung in der Apotheke hat und ein entsprechendes Verlangen formuliert, also die Initiative ergreift. Einer besonderen Form bedarf der Antrag auf Auskunft nicht.[147]

Sofern feststeht, dass Daten über den Betroffenen gespeichert sind, kann der Kunde von der Apotheke eine Bestätigung verlangen, welche Daten verarbeitet werden. Der Kunde muss sein Auskunftsbegehren gegenüber dem Apothekenmitarbeiter aber nicht begründen oder sonst rechtfertigen.

Die Auskünfte entsprechen in etwa den Angaben in den Verzeichnissen der Verarbeitungstätigkeiten. Die Auskunft bezieht sich auf die folgenden Informationen[148]:

- Verarbeitungszwecke
- Kategorien personenbezogener Daten, die verarbeitet werden

145 Art. 12 Abs. 3 und 4 DS-GVO
146 Art. 15 DS-GVO
147 Kühling / Buchner / Bäcker, DS-GVO Kommentar, Art. 15 Rdnr 30
148 Gegebenenfalls sind weitere Informationen zur Verfügung zu stellen, z. B. bei automatisierter Entscheidungsfindung einschließlich Profiling, Art. 15 Abs. 1 lit. h

- Empfänger oder Kategorien von Empfängern, denen gegenüber Daten offengelegt wurden oder werden
- falls möglich, die Speicherdauer bzw. Kriterien für die Dauer der Aufbewahrung der Daten
- das Bestehen eines Rechts auf Berichtigung oder Löschung, auf Einschränkung der Verarbeitung oder ein Widerspruchsrecht gegen die Verarbeitung
- das Recht auf Beschwerde bei der Aufsichtsbehörde
- bei Datenerhebung bei Dritten (nicht beim Betroffenen) Informationen über die Herkunft der Daten.

Beispiel
Der Kunde bittet die Apothekerin ohne weitere Begründung um Auskunft zu seinen gespeicherten Daten und Aushändigung einer Kopie.

Die Auskunft ist mit den obigen Angaben schriftlich zu erteilen. Auf Verlangen des Betroffenen ist sie auch mündlich möglich.[149] Die Auskunftserteilung ist grundsätzlich kostenfrei, ausgenommen sind Missbrauchsfälle.[150]

Weiterhin kann der Kunde die **Aushändigung einer Kopie der personenbezogenen Daten** verlangen, die in der Apotheke über ihn gespeichert sind, sofern dadurch nicht Dritte (z. B. andere Kunden) in ihren Rechten beeinträchtigt werden.

Die vollständigen Daten sind so herauszugeben, wie sie der Apotheke vorliegen. Eine Aufbereitung der Daten muss nicht erfolgen.[151] Die Erstkopie ist kostenfrei zur Verfügung zu stellen, für weitere Kopien kann ein angemessenes Entgelt verlangt werden.[152] Bei zwischenzeitlichen Veränderungen der Daten (z. B. durch neue Speicherungen von Arzneimitteln in der Kundendatei) handelt es sich – auch bei engem zeitlichen Abstand – nicht um eine Kopie.

Beide Ansprüche – Auskunft und Kopie – bestehen nebeneinander.

Tipp
Dem Kunden sollte keinesfalls die Möglichkeit eröffnet werden, seine Daten am Computer selbst einzusehen beziehungsweise abzurufen, da so das Risiko der Kenntnisnahme und des Zugriffs auf andere Kundendaten besteht.
Hier sollte man einen Ausdruck der relevanten Kundendaten vornehmen und dem Kunden die Auskunft in Papierform überlassen.

6.2.2 Anspruch auf Berichtigung und Vervollständigung

Daneben stehen dem Betroffenen Ansprüche zu, sofern unrichtige Daten gespeichert oder verarbeitet werden.[153]

149 Art. 12 Abs. 1 S. 3 DS-GVO
150 Kühling / Buchner/ Bäcker, DS-GVO Kommentar, Art. 15 Rdnr 30
151 Kühling / Buchner/ Bäcker, DS-GVO Kommentar, Art. 15 Rdnr 40, 41
152 Art. 12 Abs. 5 S. 1 und Art. 12 Abs. 3 S. 2 DSG-VO
153 Art. 16 DS-GVO

Anspruch auf Berichtigung: Personenbezogene Daten sind zu berichtigen, wenn sie unrichtig sind. Das bereitet in der Apothekenpraxis im Regelfall keine Probleme, da auch die Apotheke ein großes Interesse an der Richtigkeit der gespeicherten Kundendaten hat. Als unrichtig gelten auch unvollständige Daten. Eine Vervollständigung ist auf die Fälle zu begrenzen, in denen die hinzugefügte Information für die Datenverarbeitung erforderlich ist.[154] Fehlt beispielsweise die Hausnummer in der Adressangabe, ist diese zu ergänzen.

Beispiel
Der Kunde gibt an, umgezogen zu sein und bittet um Korrektur der gespeicherten Wohnanschrift. Diesem Wunsch ist nachzukommen. Allerdings sollte man sich erforderlichenfalls ein Dokument vorlegen lassen, aus dem sich die neue Anschrift des Betroffenen ergibt (z. B. Personalausweis).

6.2.3 Anspruch auf Löschung

Personenbezogene Daten sind unverzüglich auf Verlangen der Betroffenen Person zu löschen oder unter bei Vorliegen bestimmter gesetzlicher Voraussetzungen. Denkbar ist dies zum Beispiel, wenn die Speicherzulässigkeit fehlt, also zum Beispiel keine Einwilligung des Kunden zur Speicherung seiner Kundenkartendaten vorliegt, oder aber wenn die Daten für die Erfüllung des Zwecks der Speicherung nicht mehr erforderlich sind (Ablauf von Aufbewahrungsfristen, siehe Kapitel 2.2).

Beispiel
Die Ehefrau des Kunden hat für diesen ein Rezept eingelöst und darum gebeten, eine Kundenkarte für ihren Mann anzulegen und die entsprechenden Medikamente zu speichern. Der Ehemann will dies nicht und verlangt die Löschung seiner Daten.

Sofern der Apothekenmitarbeiter tatsächlich ohne vorherige Einwilligung des Ehemannes eine Kundenkartendatei angelegt hat, ist der Forderung sofort nachzukommen.

Eine Pflicht zur Löschung der gespeicherten Daten besteht in den folgenden Fällen[155]:

- Notwendigkeit der Verarbeitung zur Zweckerreichung ist entfallen
- Widerruf der Einwilligung und keine sonstige Rechtsgrundlage
- Widerspruch des Betroffenen gegen die Verarbeitung nach Art. 21 DS-GVO, z. B. bei Direktwerbung
- Unrechtmäßige Datenverarbeitung
- Löschung zur Erfüllung einer rechtlichen Verpflichtung

Ausnahmen von der Löschpflicht ergeben sich aus Art. 17 Abs. 3 DS-GVO. Für die Apotheke relevant ist, dass Daten im Falle einer Geltendmachung, Ausübung oder Verteidigung von Rechtsansprüchen zeitlich begrenzt auch noch länger aufbewahrt und genutzt werden können. Denkbar ist zum Beispiel, dass sich der Apotheker gegen den Vorwurf einer Falschbera-

154 Ehmann/Selmayr/Kamann/Braun, DS-GVO, Art. 16 Rdnr 37
155 Art. 17 Abs. 1 DS-GVO

tung gerichtlich zur Wehr setzen muss und dazu Kundendaten nutzt, obwohl der Kunde die Löschung der Daten verlangt hat.

6.2.3 Anspruch auf Einschränkung der Verarbeitung

Der Anspruch auf Einschränkung der Verarbeitung (= Sperrung)[156] beinhaltet, dass Daten des Betroffenen zwar nicht gelöscht werden, aber auch keine anderweitige Verarbeitung erfolgen darf.[157] Personenbezogene Daten sind auf Verlangen des Betroffenen zu sperren, wenn die Richtigkeit der Daten vom Betroffenen bestritten wird und eine Prüfung erforderlich wird, ob dies zutrifft. Dann kann während der Dauer der Prüfung eine entsprechende Einschränkung der Verarbeitung erfolgen.

Die Sperrung beinhaltet die Kennzeichnung der Daten zur Verarbeitungs- beziehungsweise Nutzungseinschränkung und erfolgt in der Apothekensoftware beispielsweise durch das „inaktiv-Setzen" des Kunden.

Sperrung statt Löschung kommt unter anderem in folgenden Fällen in Betracht[158]:
- bei Streit um die Richtigkeit der Daten,
- auf Verlangen des Betroffenen, wenn die Verarbeitung unrechtmäßig ist und eine Löschungsanspruch bestünde,
- wenn der Verantwortliche die Daten nicht länger benötigt, der Betroffene sie aber für die Wahrung von Rechtsansprüchen benötigt.

Sofern der Kunde der Apotheke eine Sperrung seiner Daten erwirkt hat, ist er zu unterrichten, sofern die Einschränkung aufgehoben wird.[159]

6.2.4 Anspruch auf Datenportabilität

Neu ist der Anspruch auf Datenübertragbarkeit (Datenportabilität)[160]. Danach darf der Betroffene verlangen, dass er die ihn betreffenden personenbezogenen Daten, die er der verantwortlichen Stelle (z. B. der Apotheke) zur Verfügung gestellt hat, in einem strukturierten, gängigen, maschinenlesbaren Format erhält. Weiterhin kann er verlangen, dass die Daten einem anderen Verantwortlichen übermittelt werden.

Beispiel
Der Kunde verlangt, dass ihm seine auf Basis der Kundenkarteneinwilligung in der Apotheke gespeicherten Daten in elektronischer Form übermittelt werden.

Keinesfalls darf hier ein USB-Stick des Kunden an die technische Infrastruktur der Apotheke angesteckt werden oder sollten die sensiblen Daten unverschlüsselt als Mailanhang versendet werden! Mit Blick auf die Monatsfrist zur Bearbeitung der Betroffenenrechte (siehe

156 Art. 18 DS-GVO
157 Kühling / Buchner/ Herbst, DS-GVO Kommentar, Art. 18 Rdnr 1
158 Art. 18 Abs. 1 lit. a- d DS-GVO
159 Art. 18 Abs. 3 DS-GVO
160 Art. 20 DS-GVO

Kapitel 6.2) hat die Apotheke genügend Zeit, eine datenschutzkonforme Lösung zu finden und sich ggf. mit dem Softwareanbieter oder Administrator abzustimmen.

6.2.5 Lösch- und Sperrkonzept

Personenbezogene Daten sind nach den obigen Vorgaben zu löschen. Die bisherige Speicherberechtigung (insbesondere nach Ablauf von Aufbewahrungsfristen) wandelt sich dann in eine Löschpflicht.

Die Apotheke muss deshalb sicherstellen, dass personenbezogene Daten zeitnah nach Wegfall des Zwecks der Datenspeicherung oder nach Ablauf der Aufbewahrungsfristen gelöscht werden. Notwendig ist es, die Gestaltung des Löschprozesses zu dokumentieren. Festgelegt werden sollte insbesondere, welche personenbezogenen Daten innerhalb welchen Zeitraums nach Wegfall der Speicherberechtigung in der Apotheke zu löschen sind.

Beispiel
Erwerb, Abgabe und Bestand von Betäubungsmitteln sind gemäß § 13 BTMVV zu dokumentieren. Die Aufbewahrungsfrist beträgt 3 Jahre nach der letzten Eintragung. Die Apotheke legt fest, dass die diesbezügliche Datenlöschung immer halbjährlich für alle im Halbjahr abgelaufenen Fristen erfolgt.

Merke
Dem Apothekenkunden stehen verschiedene Ansprüche zur Durchsetzung seiner datenschutzrechtlichen Interessen zur Verfügung, die jeder Apothekenmitarbeiter mit Kundenkontakt kennen muss.

6.3 Verhalten bei Datenpannen

Kommt es trotz aller Vorkehrungen doch zu einer Datenpanne, so hat die Apotheke Meldepflichten. Das Gesetz verpflichtet die Apotheke, bei bestimmten **Störfällen** die **Aufsichtsbehörden** und unter bestimmten Voraussetzungen auch die **Betroffenen** zu **informieren**.[161]

Eine meldepflichtige Datenpanne liegt bei einer Verletzung des Schutzes verarbeiteter personenbezogener Daten vor, die zur Vernichtung, zu Verlust oder Veränderung, zur unbefugten Offenlegung oder zu einem unbefugten Zugang führt.[162]

Da die Apotheke besondere Kategorien personenbezogener Daten (= Gesundheitsdaten ihrer Kunden) speichert, die darüber hinaus einem Berufsgeheimnis unterliegen, handelt es sich um die Verarbeitung sensibler Daten, die besonders schutzwürdig sind. Allerdings greift die Meldepflicht nicht nur bei dieser besonderen Datenqualität, sondern auch bei Datenschutzverletzungen, die „lediglich" personenbezogene Daten betreffen.

161 Art. 33 und Art. 34 DS-GVO
162 vergleiche Art. 4 Nr. 12 DS-GVO

Stellt die Apotheke fest, dass diese Daten in ihrer Sicherheit verletzt wurden, besteht für die Apotheke Handlungsbedarf.

Beispiele
- Datenzugriff auf Kundenkartendaten durch Hacker
- versehentliche Falschversendung einer E-Mail mit Kundendaten
- Diebstahl oder Verlust transportabler Datenträger (Laptop, USB-Stick) mit personenbezogenen Daten der Apotheke

Die Beispiele machen deutlich, dass man bei entsprechenden Schutzmaßnahmen, zum Beispiel einer guten Verschlüsselung, vorbeugen kann. Unerheblich ist, ob die Apotheke diesbezüglich ein Verschulden trifft oder ob sie den Dritten, der zu Unrecht Kenntnis von diesen Daten erlangt hat, kennt. Der Gesetzeswortlaut stellt allein auf die Kenntnis der Verletzung ab.[163]

Stellt die Apotheke eine Verletzung des Datenschutzes fest, muss sie zunächst **geeignete Maßnahmen zur Verhinderung des Schadenseintritts** treffen, sofern diese möglich sind.

Liegen die Voraussetzungen für eine Informationspflicht vor, ist die Apotheke unverzüglich, möglichst **binnen 72 Stunden,** zu folgenden Schritten verpflichtet:
1. **unverzügliche Meldung an die zuständige**[164] **Aufsichtsbehörde** mit folgendem Inhalt (Art. 33 DS-GVO):
   - Beschreibung der Art der Verletzung des Schutzes personenbezogener Daten (Kategorien und ungefähre Anzahl der betroffenen Personen und personenbezogenen Datensätze),
   - Name und Kontaktdaten des Datenschutzbeauftragten oder einer sonstigen Anlaufstelle für weitere Informationen,
   - Beschreibung der wahrscheinlichen Folgen der Verletzung,
2. Beschreibung der ergriffenen oder vorgeschlagenen Maßnahmen zur Behebung bzw. Abmilderung und **unverzügliche Benachrichtigung des Betroffenen** in klarer und einfacher Sprache mit folgendem Inhalt:
   - Name und Kontaktdaten des Datenschutzbeauftragten oder einer sonstigen Anlaufstelle für weitere Informationen,
   - Beschreibung der wahrscheinlichen Folgen der Verletzung,
   - Beschreibung der ergriffenen oder vorgeschlagenen Maßnahmen zur Behebung bzw. Abmilderung.

In einigen Fällen ist die Benachrichtigung entbehrlich, beispielsweise bei geeigneten technisch-organisatorischen Maßnahmen zum Schutz der Daten wie Verschlüsselung oder erfolgreichen Abhilfemaßnahmen.

Ein Verstoß gegen die Benachrichtigungspflicht kann erhebliche Bußgelder[165] zur Folge haben und eine Haftung der Apotheke mit Schadensersatzansprüchen nach Art. 82 DS-GVO begründen.

163 Art. 33 Abs. 1 DS-GVO
164 zuständig ist die Aufsichtsbehörde am Ort der Datenverarbeitung (Art. 55 DS-GVO)
165 Art. 83 Abs. 4 lit. a: bis 10 Millionen € bzw. 2 % des Jahresumsatzes

Merke
Mit den Benachrichtigungspflichten bei Datenschutzverletzungen existieren wichtige Pflichten, die jede Apotheke im Ernstfall zu beachten hat.

6.4 Aufsichtsbehörden in der Apotheke

Unangenehm kann es für die Apotheke werden, wenn sie von Aufsichtsbehörden angeschrieben oder aufgesucht wird. Die Datenschutzaufsicht in Deutschland wird wie bisher durch die Länder vorgenommen. Daneben gibt es einen Bundesbeauftragten für Datenschutz und Informationsfreiheit.

Örtlich zuständig ist die Datenschutzbehörde, in deren Bezirk die Apotheke sich befindet bzw. kann sich der betroffene Kunde an die Aufsichtsbehörde vor Ort wenden.
Eine Liste der Aufsichtsbehörden ist abrufbar unter http://www.bfdi.bund.de/DE/Infothek/Anschriften_Links/anschriften_links-node.html, (Zugriff: 08.04.2018)

6.4.1 Kontrollen durch die Aufsichtsbehörden für den Datenschutz

Bislang wurden Aufsichtsbehörden für Datenschutz überwiegend anlassbezogen tätig. Das heißt, Kontrollen oder Anfragen gingen im Regelfall Anzeigen (auch anonym) oder Beschwerden von Kunden oder der Konkurrenz voraus.[166] Gegenstand von Anzeigen sind häufig der nicht sachgerechte Umgang mit Rezepten (Liegenlassen am HV-Tisch) oder die Videoüberwachung der Apotheke.

Die Aufsichtsbehörden haben aber auch die Möglichkeit, selbstständig und ohne einen konkreten Anlass zu kontrollieren.

Mit Blick auf den Beratungsauftrag der Aufsichtsbehörde besteht für den Datenschutzbeauftragten der Apotheke und jeden Betroffenen die Möglichkeit, sich dort kostenfrei zu informieren.[167] Wendet sich der Apothekeninhaber an die Behörde, können Gebühren verlangt werden.

166 Tim Wybitul, Handbuch Datenschutz im Unternehmen, 1. Auflage 2011, S. 27, Rdnr 370 f. mit weiteren Nachweisen
167 Art. 57 Abs. 3 DS-GVO

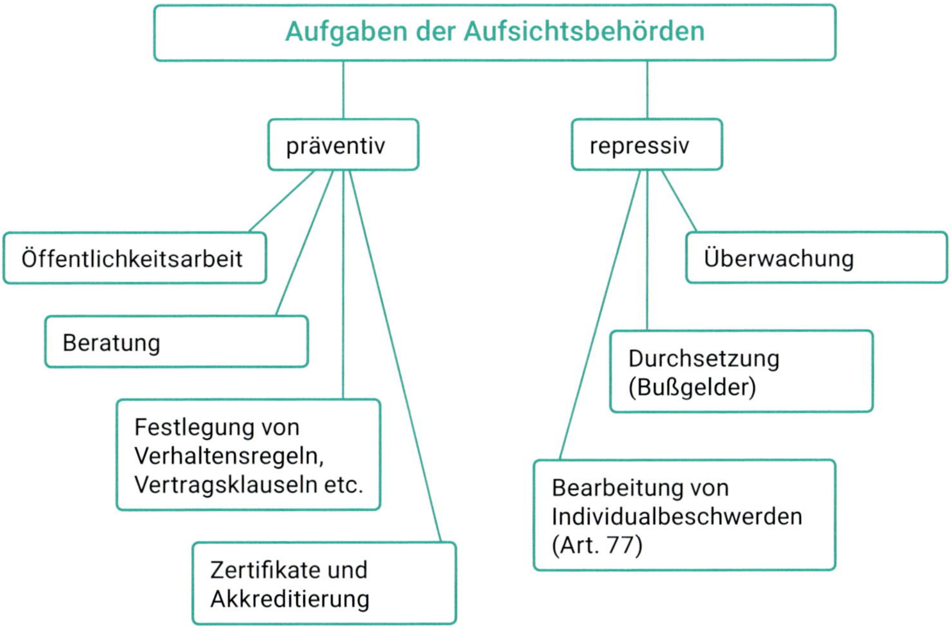

Abbildung 13: Aufgaben der Aufsichtsbehörden (Art. 57 DS-GVO)

Tipp

Apotheken, die anlassbezogen von Aufsichtsbehörden kontrolliert wurden, sind umfassend geprüft worden. So wurde neben dem allgemeinen Umgang mit personenbezogenen Daten beispielsweise kontrolliert, ob ein Datenschutzbeauftragter ordnungsgemäß bestellt wurde, ob er seinen Aufgaben ordnungsgemäß nachkommt (Dokumentation, Nachweise für Personalschulungen etc.) und die datenschutzrechtlichen Pflichtdokumente der Apotheke existiert.
Diese leicht nachprüfbaren Vorgaben sind zwingend sicherzustellen.

Die Apotheke ist verpflichtet, den Aufsichtsbehörden auf deren Anforderung hin unverzüglich und umfassend **Auskunft** zu erteilen.[168] Daneben sind Datenschutzüberprüfungen[169] und Überprüfungen datenschutzrechtlicher Zertifizierungen[170] möglich.

Für Kontrollzwecke steht der Behörde während der Geschäftszeiten der Apotheke das Recht zum Betreten des Grundstücks und der Geschäftsräume zu. Sie kann in den Räumlichkeiten der Apotheke Prüfungen und Besichtigungen vornehmen, dabei Einsicht in die erforderlichen Unterlagen nehmen und Zugang zu allen personenbezogenen Daten und Informationen verlangen.[171]

168 Art. 58 Abs. 1 lit. a DS-GVO
169 Art. 58 Abs. 1 lit. b DS-GVO
170 Art. 58 Abs. 1 lit. c DS-GVO
171 Art. 58 Abs. 1 lit. e und lit. f DS-GVO

Weiterhin hat die Aufsichtsbehörde die Möglichkeit, auf Verstöße hinzuweisen.[172] Damit besteht für den Apothekeninhaber die Chance, den Verstoß abzustellen, bevor die Aufsichtsbehörde zu stärkeren Sanktionen greift.

6.4.2 Abhilfebefugnisse der Aufsichtsbehörden

Stellt die Aufsichtsbehörde im Ergebnis der Kontrolle in der Apotheke datenschutzrechtliche **Verstöße** fest, steht ihr die Anordnung verschiedener Abhilfemaßnahmen offen.[173] Sie kann neben Warnungen und Verwarnungen zunächst einmal **Anweisungen anordnen**, die den Verstoß beseitigen. Dazu gehört auch die Möglichkeit der Verhängung von Verarbeitungsverboten oder die Anordnung der Berichtigung und Löschung personenbezogener Daten.

Zusätzlich oder anstelle der sonstigen behördlichen Maßnahmen kann eine Geldbuße nach Art. 83 DS-GVO verhängt werden.

Denkbar ist auch das Verlangen der Aufsichtsbehörde, einen **Datenschutzbeauftragten** bei fehlender Fachkunde oder Unzuverlässigkeit **von seinen Aufgaben zu entbinden**.

Die Aufsichtsbehörden sind durch den Apothekeninhaber, seinen Datenschutzbeauftragten und etwaige Auftragsverarbeiter bei der Erfüllung ihrer Aufgaben zu unterstützen.[174]

Merke

Der Aufsichtsbehörde stehen zahlreiche Maßnahmen zur Durchsetzung der datenschutzrechtlichen Belange zur Verfügung.

Die Apotheken haben mit den Behörden aber auch einen kompetenten Partner bei Fragen zur Umsetzung des Datenschutzes.

6.5 Sanktionen bei Verstößen gegen den Datenschutz

Der Datenschutz und die Gewährleistung der Datensicherheit sind für die Apotheke mit einem zusätzlichen Aufwand an Arbeit und Kosten verbunden. Andererseits führen Datenschutzverstöße nicht nur zu Ansehens- und Umsatzverlusten, sondern im schlimmsten Fall sogar zum wirtschaftlichen Ruin der Apotheke (Abbildung 14).

Die Apotheke ist verpflichtet nachzuweisen, dass sie die Anforderungen der Datenschutz-Grundverordnung eingehalten hat.[175]

172 Art. 58 Abs. 1 lit.d DS-GVO
173 Art. 58 Abs. 2 DS-GVO
174 Art. 31 DS-GVO
175 Rechenschaftspflicht – Art. 5 Abs. 2, Art. 24 Abs. 1 DS-GVO

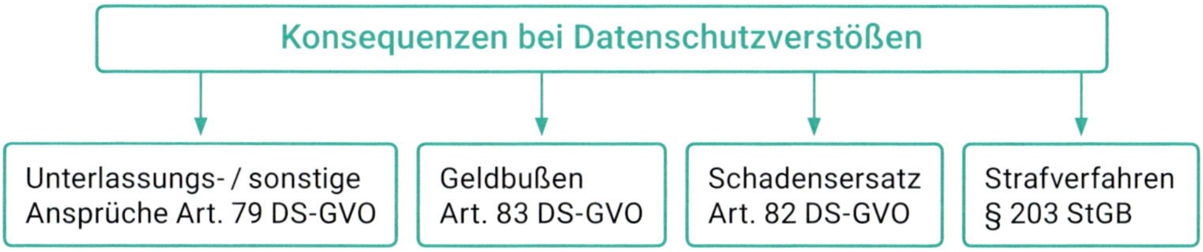

Abbildung 14: Konsequenzen bei Datenschutzverstößen

Neben den nachfolgend in Tabelle 11 angegebenen Bestimmungen können sich Sanktionen auch aus spezialgesetzlichen Regelungen ergeben.

Bußgelder	Schadenersatzansprüche	Strafverfahren
Art. 83 DS-GVO	vertragliche Ansprüche Art. 82 DS-GVO §§ 823 ff. BGB	§ 203 StGB
Absatz 4: bis zu 10.000.000 € oder bis zu 2 % des Jahresumsatzes des Vorjahres, z. B. bei Nichtbestellung des Datenschutzbeauftragten oder unterlassener Datenschutz-Folgenabschätzung	bei schuldhafter Verletzung des Datenschutzes	auf Anzeige der Betroffenen und von Amts wegen
Absatz 5: bis zu 20.000.000 € oder bis zu 4 % des Jahresumsatzes des Vorjahres, z. B. bei fehlender Einwilligung bzw. wenn Gesundheitsdaten betroffen sind	Art. 82 Abs. 3 DS-GVO: Haftung entfällt bei Nachweis der Nichtverantwortlichkeit des Schadenseintritts („in keinerlei Hinsicht") durch die Apotheke §§ 823 ff. BGB: Schadensersatzanspruch entfällt bei Beachtung der nach den Umständen des Falles gebotenen Sorgfalt	Strafrahmen: Geldstrafe oder bis zu 2 Jahren Freiheitsstrafe bei Handeln gegen Entgelt, Bereicherungs- oder Schädigungsabsicht

Tab. 11: Sanktionen bei Datenschutzverstößen

Verstöße gegen das Datenschutzgesetz werden mit hohen **Bußgeldern** geahndet. Ein Verstoß liegt beispielsweise vor, wenn trotz bestehender Verpflichtung ein Datenschutzbeauftragter nicht bestellt oder eine Auskunft an den betroffenen Kunden nicht, nicht richtig, nicht vollständig oder nicht rechtzeitig erteilt wurde. Gleiches gilt für die unterbliebene oder unzureichende Information der Aufsichtsbehörde bei einer Datenpanne oder bei unrechtmäßiger Datenverarbeitung durch die Apotheke (fehlende Rechtsgrundlage/Einwilligung der Kunden).

Die bußgeldrelevanten Verstöße finden sich im Katalog des Art. 83 Abs. 4 und Abs. 5 DS-GVO. Im Rahmen der Verhängung des Bußgeldes hat die Aufsichtsbehörde ein weites Ermessen. Berücksichtigt werden unter anderem[176]:

- Art, Schwere und Dauer des Verstoßes
- die Anzahl der Betroffenen
- die Datenqualität
- Verschulden (Vorsatz oder Fahrlässigkeit)
- Welche Maßnahmen zur Schadensminderung wurden getroffen?
- Welche technisch-organisatorischen Maßnahmen wurden getroffen?
- Gab es frühere Verstöße?
- Gibt es finanzielle Vorteile durch den Verstoß?
- Wie hat die Aufsichtsbehörde vom Verstoß erfahren?
- Wie kooperativ ist die Zusammenarbeit mit der Aufsichtsbehörde?

Darüber hinaus kann die Aufsichtsbehörde für die Frage, ob und wenn ja, in welcher Höhe ein Bußgeld verhängt wird, **jeden anderen erschwerenden oder mildernden Umstand** berücksichtigen.

Daneben können **Schadenersatzansprüche** des Betroffenen bestehen, die sich aus Vertrag (§§ 280 ff. BGB), aus Delikt (§§ 823 ff. BGB) und aus Art. 82 DS-GVO ergeben können. Verstößt die Apotheke gegen die Vorgaben der Grundverordnung und entsteht dadurch ein Schaden, so hat der betroffene Kunde einen Anspruch auf Schadenersatz nach Art. 82 Abs. 1 DS-GVO. Die Norm erfasst nicht nur die aus dem Verstoß resultierenden wirtschaftlichen Schäden, sondern auch immaterielle Schäden (Schmerzensgeld). Die Ersatzpflicht entfällt, wenn die Apotheke nachweist, dass sie „in keinerlei Hinsicht für den Umstand, durch den der Schaden eingetreten ist, verantwortlich ist".[177] Das stellt eine hohe Hürde dar!

Ist auch der Auftragsverarbeiter (z. B. der Softwareanbieter oder das Rechenzentrum) in den Schadensfall involviert, haften Apotheke und Auftragsverarbeiter als Gesamtschuldner. Das bedeutet für den betroffenen Kunden, dass er im Grundsatz wählen kann, gegen wen er den Schadensersatzanspruch geltend macht. Ansprüche gegen den Auftragsverarbeiter haben allerdings engere Voraussetzungen, als Ansprüche gegen den Verantwortlichen (= Apotheke).

Häufig wird die Geltendmachung von Schadenersatz in der Praxis auf vertragliche oder deliktische Ansprüche gestützt. Die Apotheke ist im Rahmen ihrer Vertragsbeziehung mit dem Kunden zum sorgsamen Umgang mit dessen besonderen personenbezogenen Daten verpflichtet. Kommt es hier durch sorgfaltswidriges Verhalten von Seiten der Apotheke zu Schäden, können Schadenersatzansprüche durch den Kunden geltend gemacht werden.

176 Art. 83 Abs. 2 DS-GVO
177 Art. 82 Abs. 3 DS-GVO

Tipp
Kommt es tatsächlich zu einem Schadensfall, ist eine Exkulpation durch den Nachweis möglich, dass die Apotheke in keinerlei Hinsicht für den Schadensumstand verantwortlich ist.
Sinnvoll ist es darüber hinaus, einen entsprechenden Versicherungsschutz zu prüfen bzw. anzupassen.

Ein **Strafverfahren** droht wegen der Verletzung von Privatgeheimnissen (Berufsgeheimnis § 203 StGB). Es droht Geldstrafe oder Freiheitsstrafe bis zu zwei Jahren. Denkbar ist bei Datenschutzverstößen auch eine Strafbarkeit wegen Verletzung des Brief-, Post- und Fernmeldegeheimnisses (§§ 202, 206 StGB), wegen rechtswidriger Datenveränderung (§ 303 a StGB) und Datenhehlerei (§ 202 d StGB).

Für Mitarbeiter der Apotheke können Verstöße **arbeitsrechtliche Konsequenzen** wie Abmahnung oder sogar Kündigung, Strafverfahren und Schadenersatzansprüche des Betroffenen zur Folge haben.

Merke
Die bei Datenschutzverstößen drohenden Sanktionen und die unter Umständen dauerhafte Rufschädigung der Apotheke können diese ruinieren.
Der Datenschutz in der Apotheke ist deshalb zuverlässig sicherzustellen.

6.6 CHECKLISTE BETROFFENENRECHTE

- ☐ Wissen die Apothekenmitarbeiter, welche Datenschutzrechte die Kunden haben?
- ☐ Wissen die Apothekenmitarbeiter, wie auf Auskunftsansprüche der Kunden, die Bitte um Kopien, die Übermittlung in elektronischer Form oder den Widerruf der Einwilligung bezüglich der Kundenkarte zu reagieren ist?
- ☐ Sind die Apothekenmitarbeiter darüber informiert, welche schwerwiegenden Folgen Datenschutzverstöße sowohl für sie selbst als auch für die Apotheke haben können?
- ☐ Weiß die Apothekenleitung, welche Schritte bei Feststellung einer Datenpanne zu ergreifen sind?
- ☐ Ist den Apothekenmitarbeitern bekannt, welche Rechte die Aufsichtsbehörden haben und was bei Kontrollen zu beachten ist?

7 Pflichtdokumente zum Datenschutz

Der Apothekeninhaber hat umfassende Rechenschafts- und Nachweispflichten. Die folgenden Pflichtdokumente zum Datenschutz sind zwingend vorzuhalten:

CHECKLISTE PFLICHTDOKUMENTE:

- ☐ Verzeichnis der Verarbeitungstätigkeiten (Kapitel 7.1 / Muster Anhang 2)
- ☐ Datenschutz-Folgenabschätzung (Kapitel 7.2 / Muster Anhang 5)
- ☐ Verschwiegenheitsverpflichtung der Mitarbeiter (Kapitel 1.1.3 / Muster Anhang 1)
- ☐ Aushang/Flyer zu den Informationspflichten (Kapitel 6.1 / Muster Anhang 6: Mitteilung zu den Informationspflichten (Aushang/Flyer))
- ☐ Kundenkarten-Einwilligungserklärung der Betroffenen (Kapitel 1.6 / Muster Anhang 4
- ☐ QMS: Leitbild und Verfahrensanweisungen zum Datenschutz (Kapitel 7.3 / Muster Anhang 8)

7.1 Verzeichnis der Verarbeitungstätigkeiten

Zukünftig werden die Apotheken ein Verzeichnis der Verarbeitungstätigkeiten (Art. 30 DS-GVO) benötigen. In diesen Verzeichnissen sind **sämtliche automatisierten Datenverarbeitungen,** aber auch nicht automatisierte Datenverarbeitungen personenbezogener Daten, die in einem Dateisystem gespeichert sind oder gespeichert werden sollen, zu erfassen.

Anders als früher die öffentlichen Verfahrensverzeichnisse nach dem Bundesdatenschutzgesetz müssen die Verzeichnisse von Verarbeitungstätigkeiten nicht mehr jedermann zur Einsichtnahme vorgelegt werden. Es handelt sich um rein interne Dokumente. Allerdings können Aufsichtsbehörden jederzeit die Vorlage der Verzeichnisse verlangen (Art. 30 Abs. 4 DS-GVO und Erwägungsgrund 82). Die Verzeichnisse müssen so gestaltet sein, dass die Aufsichtsbehörde anhand des Verzeichnisses eine erste Prüfung der Rechtmäßigkeit vornehmen kann.

Das Verzeichnis kann schriftlich oder elektronisch geführt werden. Welche Inhalte das Verzeichnis in der Apotheke haben muss, ist gesetzlich geregelt.[178]

Neben Angaben zur verarbeitenden Stelle (Apotheke mit Anschrift, Inhaber, Datenschutzbeauftragter), zu den Verarbeitungszwecken, der Rechtsgrundlage für die Verarbeitung und der Beschreibung der betroffenen Personen und Daten sind auch die Empfänger, Löschfristen und technisch-organisatorischen Maßnahmen, mit denen die Daten in der Apotheke geschützt werden, in das Verzeichnis aufzunehmen.

178 Art. 30 Abs. 1 DS-GVO, für Auftragsverarbeiter gilt Art. 30 Abs. 2 DS-GVO

Sinnvoll ist es, zunächst die wichtigsten Datenverarbeitungsvorgänge personenbezogener Daten zusammenzustellen. Das können neben der Kundendatei auf Basis der Kundenkarteneinwilligung auch die Datenübermittlung der Rezeptdaten an das Rechenzentrum und elektronische Pflichtdokumentationen (z. B. BTM-Dokumentation oder Rezeptur-Dokumentation) sein. Sinnvoll ist auch die Dokumentation der Auftragsverarbeitung mit dem Softwareanbieter.

Muster für die Verzeichnisse von Verarbeitungstätigkeiten für ausgewählte Prozesse, z. B. die Kundendatei, die Abrechnung über das Rechenzentrum, die Rezeptur- und die BtM-Dokumentation finden sich in Anhang 2. Diese müssen auf die konkreten Verhältnisse in der Apotheke angepasst und entsprechend ergänzt werden!

Tipp
Als Bestandteil der Pflichtdokumentationen (Rechenschafts- und Nachweispflicht!) sollte das Verzeichnis mit einer Fußzeile versehen werden, die neben dem Apothekeninhaber als Ersteller auch die Freigabe durch den Datenschutzbeauftragten, das Freigabedatum und einen Versionsstand enthält.

Die regelmäßige Prüfung der Dokumente kann dann durch eine erneute Freigabe mit aktuellem Datum und Versionsstand dokumentiert werden.

Wichtig dabei ist, das Altdokument nicht zu überschreiben oder zu löschen, da nur durch die Vorlage der alten und neuen Verzeichnisse deutlich wird, wie die Verarbeitungsprozesse bisher gestaltet waren und was sich gegebenenfalls geändert hat.

Sofern die Apotheke das Verzeichnis nicht vollständig oder gar nicht führt, ist dies bußgeldbewehrt.[179]

Verzeichnisse von Verarbeitungstätigkeiten sind wichtige Pflichtdokumente, die die Apotheke vorhalten muss.

7.1.1 CHECKLISTE VERZEICHNIS VERARBEITUNGSTÄTIGKEITEN

- ☐ Existiert in der Apotheke ein Verzeichnis der Verarbeitungstätigkeiten für sämtliche automatisierten Datenverarbeitungen, auch nicht automatisierte Datenverarbeitungen personenbezogener Daten, die in einem Dateisystem gespeichert sind / werden sollen?
- ☐ Enthält das Verzeichnis die erforderlichen Pflichtangaben?
- ☐ Erfolgt eine regelmäßige Kontrolle und Dokumentation (Freigabe nach Änderung mit neuem Stand)?
- ☐ Sind die vorherigen Dokumente verfügbar (Rechenschaft- und Nachweispflicht)?

179 Art. 83 Abs. 4 lit. a DS-GVO

7.2 Datenschutz-Folgenabschätzung

Mithilfe der Datenschutz-Folgenabschätzung sollen Risiken der Betroffenen, die durch die Verarbeitung personenbezogener Daten entstehen, beschrieben und eingedämmt werden.[180]

Die Datenschutz-Folgenabschätzung ist damit in den Fällen durchzuführen, in denen durch Verwendung neuer Technologien oder aber aufgrund der Art, des Umfangs, der Umstände und Zwecke der Verarbeitung voraussichtlich ein Risiko für die Rechte und Freiheiten der Betroffenen besteht.[181]

Im Rahmen der Datenschutzfolgenabschätzung müssen Abhilfemaßnahmen benannt und ergriffen werden. Die Datenschutzfolgenabschätzung muss vor der Aufnahme der zu betrachtenden Verarbeitungsvorgänge durchgeführt werden. Da dies durch den Apothekeninhaber und beratend durch den Datenschutzbeauftragten erfolgt, muss dieser rechtzeitig in die Planung der Anschaffung einbezogen werden.

Beispiel

Plant die Apotheke die Anschaffung eines Fingerprintsystems (Erhebung und Verarbeitung biometrischer Daten der Mitarbeiter, Art. 9 DS-GVO) oder einer Videoüberwachung, ist vorher eine Datenschutz-Folgenabschätzung erforderlich.

Die Datenschutz-Folgenabschätzung ist schriftlich zu dokumentieren und in regelmäßigen Abständen zu wiederholen. Sie ist damit ein geeignetes Instrument, kritische Datenverarbeitungsprozesse in der Apotheke nachweisbar zu überprüfen.[182]

Tipp

Die Datenschutz-Folgenabschätzung ist Bestandteil der Pflichtdokumentationen (Rechenschafts- und Nachweispflicht!) und sollte mit einer Fußzeile versehen werden, die neben dem Apothekeninhaber als Ersteller auch die Freigabe durch den Datenschutzbeauftragten, das Freigabedatum und einen Versionsstand enthält.

Die regelmäßige Prüfung der Dokumente kann dann durch eine erneute Freigabe transparent gemacht werden. Das vorherige Dokument sollte nicht überschrieben oder gelöscht werden!

Im ersten Schritt ist eine Einschätzung erforderlich, welche Risiken bestehen. Werden diese als hoch erachtet, hat die Risikofolgenabschätzung zu erfolgen (Abbildung 15).

In Fällen der Videoüberwachung (Recht am eigenen Bild), bei Fingerprintsystemen (biometrische Daten – Art. 9) und beim Rezeptscanner (Rezeptscan des Kunden mit sensiblen Gesundheitsdaten in der EDV der Apotheke – Art. 9) handelt sich grundsätzlich um Datenverarbeitungen mit hohen Risiken für die Betroffenen, die eine Risikofolgenabschätzung erfordern.

180 Formelle Anforderungen ergeben sich aus Art. 35 DS-GVO und den Erwägungsgründen 84, 90-93

181 Die Datenschutzaufsichtsbehörden veröffentlichen (nicht abschließende) Listen mit Verarbeitungstätigkeiten, die eine Durchführung der Datenschutz-Folgenabschätzung erfordern.

182 Hilfreiches Arbeitsmittel: Kurzpapier Nr. 5 der Datenschutzkonferenz „Datenschutz-Folgenabschätzung nach Art. 35 DS-GVO"

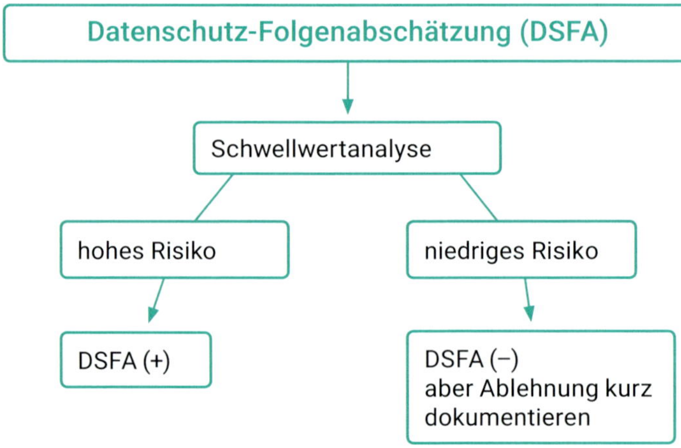

Abbildung 15: Datenschutz-Folgenabschätzung

Im Anhang 5 finden sich **Muster** für Datenschutz-Folgenabschätzungen für Videoüberwachung und Fingerprintsysteme in Apotheken. Im Rahmen der Durchführung empfiehlt sich das folgende Vorgehen:

1. **Dokumentation der Verarbeitung**
   a) Systematische Beschreibung der Verarbeitung
   Hier erfolgt eine detaillierte und alle Datenflüsse umfassende Beschreibung der Verarbeitung!
   z. B. technische Details der geplanten Verarbeitung unter Beachtung der Angaben des Herstellers (was wird gespeichert, übermittelt, wann gelöscht?), der Ausgestaltung der Nutzung in der Apotheke (Anzahl, Anbringungs- / Aufstellungsort der Geräte, Art des Arbeitsplatzes, Netzstruktur, Hard- und Software)
   b) Zweck der Verarbeitung
   Hier sind gesetzliche Grundlagen, die den Zweck rechtfertigen, zu benennen. Weiterhin sind die Zwecke selbst aufzuführen.
   c) Berechtigte Interessen der Apotheke
   Welches Interesse hat die Apotheke an der Datenverarbeitung?

2. **Bewertung**
   a) Bewertung der Notwendigkeit und Verhältnismäßigkeit der Verarbeitungsvorgänge in Bezug auf den Zweck der Verarbeitung.
   Sind die geplanten Maßnahmen
   - notwendig,
   - geeignet für den angestrebten Zweck,
   - erforderlich (mildere Mittel zur Zweckerreichung),
   - angemessenes Mittel für den angestrebten Zweck? („Nicht mit Kanonen auf Spatzen schießen!“)

Sind die Art der gespeicherten Daten, ihre Übermittlung, der zugriffsberechtigte Personenkreis und die Fristen zur Datenlöschung von der Rechtsgrundlage und dem angestrebten Zweck gedeckt?

b) Bewertung des Risikos für die betroffenen Personen (vgl. Kapitel 2.5.2)
   - Welche Risiken resultieren aus der Datenverarbeitung für die Betroffenen?
   - Wer ist gegebenenfalls an den Daten interessiert, um diese unrechtmäßig zu nutzen? Wie hoch ist die Wahrscheinlichkeit unrechtmäßiger Zugriffe? Gefahren für Datenintegrität, -vertraulichkeit und Datenverfügbarkeit sind zu ermitteln!
   - Was sind die potentiellen Schäden und wie schwerwiegend sind diese? Wie hoch ist die Eintrittswahrscheinlichkeit?

3. Gegenmaßnahmen zum festgestellten Risiko

a) Arbeitsanweisungen, Verfahrensanweisungen (mit Sanktionen), Kenntnisnahme der Betroffenen
   Können die Betroffenen die ihnen zustehenden Rechte geltend machen?

b) Technische Sicherheitsvorkehrungen: z. B. Passwortschutz, Firewall, Verschlüsselung

c) Organisatorische Regelungen zum Schutz personenbezogener Daten: z. B. Datensicherung

d) Nachweise für die Einhaltung der Maßnahmen, z. B. Dokumentation der Kontrollen

Achtung

Restrisiken müssen ermittelt und der Umgang mit den verbliebenen Risiken dokumentiert werden! Letztlich erfolgt eine Abwägung, ob die bestehenden/verbleibenden Restrisiken unter Berücksichtigung der Interessen des Betroffenen am Schutz seiner Daten tragbar sind.

Existieren im Ergebnis der Datenschutzfolgenabschätzung hohe Risiken, die sich nicht durch geeignete Maßnahmen eindämmen lassen, muss der Apothekeninhaber eine Meldung an die Datenschutz-Aufsichtsbehörde vornehmen.[183] Dabei meldet der Verarbeiter der Daten, Mittel und Zweck der Datenverarbeitung, getroffene Schutzmaßnahmen, die Kontaktdaten des Datenschutzbeauftragten, die Datenschutz-Folgenabschätzung und – sofern von der Aufsichtsbehörde verlangt – weitere Informationen. Die Aufsichtsbehörde wird dann binnen acht Wochen eine Empfehlung zur datenschutzkonformen Ausgestaltung und den zu ergreifenden Maßnahmen geben.

7.2.1 CHECKLISTE DATENSCHUTZ-FOLGEABSCHÄTZUNG

- ☐ Ist in der Apotheke sichergestellt, dass bei Einführung neuer Technologien (oder anderen gesetzlichen Vorgaben wie der umfangreichen Verarbeitung von Gesundheitsdaten) eine Datenschutz-Folgenabschätzung erfolgt?
- ☐ Ist die rechtzeitige Einbeziehung des Datenschutzbeauftragten sichergestellt?

183 Art. 36 DS-GVO

- ☐ Ist die Dokumentation der Datenschutz-Folgenabschätzung erfolgt?
- ☐ Ist der Umgang mit Restrisiken beschrieben?
- ☐ Erfolgt bei verbleibenden hohen Risiken eine Meldung an die Datenschutz-Aufsichtsbehörde?

7.3 Einbindung in das QM-System der Apotheke

Der Datenschutz und die Gewährleistung der Datensicherheit sind für die Apotheke mit einem zusätzlichen Aufwand an Arbeit und Kosten verbunden. Andererseits führen Datenschutzverstöße nicht nur zur hohen Bußgeldern oder anderweitigen Sanktionen, sondern schädigen das Vertrauen der Kunden.

Die Datenschutzgrundverordnung verwendet für die Ausgestaltung des Datenschutzes im Unternehmen Begriffe aus dem Managementsystem.[184] So soll sichergestellt und der Nachweis erbracht werden, dass die Verarbeitung der Daten in der Apotheke gemäß den gesetzlichen Vorgaben erfolgt (Abbildung 16).

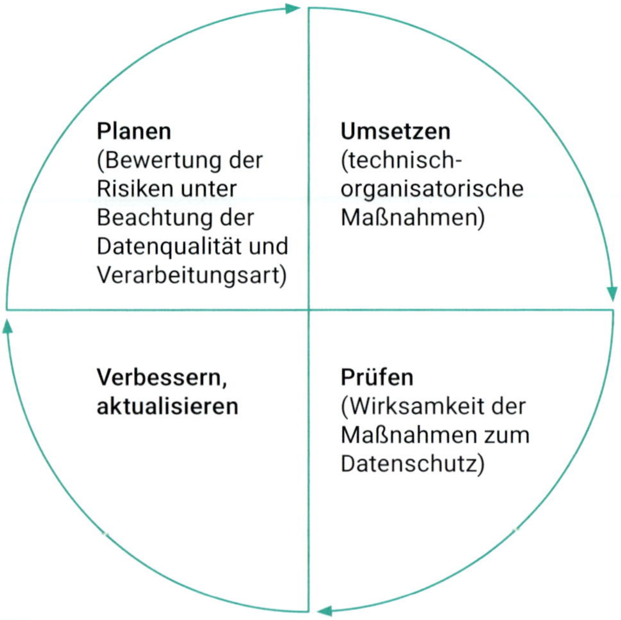

Abbildung 16: Planen, umsetzen, prüfen und verbessern als kontinuierlicher Prozess

184 Art. 5 Abs. 2 und Art. 24 Abs. 1 DS-GVO

Tipp
Die Apotheke sollte sich das bereits existierende Qualitätsmanagementsystem der Apotheke nutzbar machen und den Datenschutz dort integrieren bzw. den Strukturen anpassen.

Das bedeutet:
1. Ergänzung des Leitbildes um den Aspekt des Datenschutzes (siehe Muster Anhang 8)

   Beispiel:
   „Der Schutz der Kundendaten ist uns wichtig!
   - Wir gehen sorgfältig und sensibel mit den Personen- und Gesundheitsdaten unserer Kunden um und nutzen diese nur für gesetzliche und vom Kunden gewollte Zwecke, insbesondere zur Beratung im Bereich der Gesundheitsvorsorge. Wir gewährleisten entsprechend dem aktuellen Stand der Technik eine sichere Verarbeitung. Vertraulichkeit, Verfügbarkeit und Integrität sind wichtige Grundlagen unserer Tätigkeit.
   - Geschäfts- und Vertragspartner wählen wir mit Blick auf die datenschutzrechtlichen Vorgaben aus.
   - Vertraulichkeit und Diskretion sind für uns im Umgang mit dem Kunden selbstverständlich. Alle Mitarbeiter bilden sich regelmäßig weiter. Der Datenschutzbeauftragte der Apotheke berät und überwacht anhand der gesetzlichen Vorgaben zum Datenschutz. Er steht Kunden und Mitarbeitern als Ansprechpartner zur Verfügung.
   - Wir kontrollieren die Einhaltung des Datenschutzes jährlich im Rahmen der gesetzlichen Vorgaben und des Qualitäts-Management-Systems."

2. Ergänzung des Organigramms um den Datenschutzbeauftragten

3. Erstellung von Verfahrensanweisungen/Prozessbeschreibungen zu wichtigen datenschutzrechtlichen Aspekten, zum Beispiel:
   a) Umgang mit Datenpannen in der Apotheke und Einhaltung der Meldepflicht (siehe Kapitel 6.3)
   b) Umgang mit Betroffenenrechten wie Auskunft, Widerruf, Löschung etc. (siehe Kapitel 6.2)
   c) Datenschutzkonformer Umgang bei Einholung der Einwilligung in die Kundenkarte (siehe Kapitel 1.6)

4. Verzeichnis der Verarbeitungstätigkeiten (siehe Kapitel 7.1)

5. Datenschutz – Folgenabschätzungen/ Schutzbedarfsfeststellung / Risikoanalyse (siehe Kapitel 2.5.2 und 7.2)

6. Nachweise der internen und ggf. externen Schulungen der Mitarbeiter zum Datenschutz (siehe Kapitel 4.6.2)

7. Technische Dokumentation wie Listen zur Überprüfung technisch-organisatorischer Maßnahmen, Inventarlisten, Übersichten zur Benutzer- und Rechteverwaltung, IT-Konzepte und -richtlinien etc. (siehe Kapitel 1.2)

8. Verträge mit Auftragsverarbeitern wie Rechenzentren und Sotwareanbietern (siehe Kapitel 5.1)

Alle Dokumente müssen **gelenkt und geleitet** werden. Sie sollten mit Kopf- und Fußzeile versehen sein und die folgenden Angaben enthalten:

- Kopfzeile: Name der Apotheke,
- Fußzeile: Ersteller: Apothekeninhaber, Freigabe: Datenschutzbeauftragter, Datum Freigabe, Versionsstand.

Selbstverständlich ist weitergehend auch die Einführung eines Datenschutzmanagementsystems oder eines Informationsmanagementsystems möglich.

7.3.1 CHECKLISTE EINBINDUNG IN DAS QM-SYSTEM

- ☐ Existiert in der Apotheke eine Datenschutzstruktur, die eine Überprüfbarkeit, Bewertung und Evaluierung des Datenschutzes ermöglicht (Rechenschafts- und Nachweispflicht)?
- ☐ Ist ein Leitbild vorhanden, das den Datenschutz inhaltlich miterfasst?
- ☐ Ist im Organigramm der Datenschutzbeauftragte mit aufgenommen?
- ☐ Existieren Verfahrensanweisungen zum Datenschutz?
- ☐ Ist der Stand der Dokumente erkennbar (Kopf-, Fußzeile)?
- ☐ Sind Vorgängerdokumente (frühere Versionsstände) vorhanden und auffindbar?

8 Anhang

Wichtiger Hinweis
Gegenwärtig werden eine Vielzahl von Mustern und Vorlage angeboten, die auf Anfrage auch von den berufsständischen Vereinigungen (Kammern und Apothekerverbände) bereit gestellt werden.

Die in den nachfolgenden Anhängen zur Verfügung gestellten Muster finden sich auch auf der dem Buch beigefügten CD.

Die Muster sind zwingend auf die konkreten Bedürfnisse der Apotheke anzupassen und entsprechend zu ergänzen. Es handelt sich um lediglich um Beispiele anhand gängiger Vorgänge in Apotheke, die keinesfalls als abschließend betrachtet werden können. Eine Gewährleistung und Haftung für Rechtmäßigkeit und die Richtigkeit des Inhaltes wird vom Verlag und der Autorin ausdrücklich ausgeschlossen.

Anhang 1	Muster Schweigepflichterklärung
Anhang 2	Muster Verzeichnis der Verarbeitungstätigkeiten gemäß Art. 30 DS-GVO
Anhang 3	Muster Benennung des betrieblichen Datenschutzbeauftragten
Anhang 4	Muster Einwilligung in die Kundenkarte
Anhang 5	Muster Datenschutz-Folgenabschätzung
Anhang 6	Muster Mitteilung zu den Informationspflichten (Art. 12/13 DS-GVO)
Anhang 7	Checkliste Technisch-organisatorische Maßnahmen (Art. 32 DS-GVO)
Anhang 8	Muster QMS – Leitbild zum Datenschutz

Anhang 1: Muster Schweigepflichterklärung

Schweigepflichterklärung der Mitarbeiter der Apotheke

Mir ist bekannt, dass ich aufgrund meiner Tätigkeit in der ______-Apotheke mit vertraulichen personenbezogenen und besonderen Arten personenbezogener Daten von Kunden und Kollegen sowie betriebssensiblen Daten umgehe.

Die unbefugte Erhebung, auch als Bild-, Ton- und anderweitige Aufzeichnung, die Verarbeitung, Nutzung oder Weitergabe dieser Daten zu anderen als beruflich notwendigen Zwecken ist mir untersagt. Das gilt auch für die nicht unmittelbar durch die berufliche Tätigkeit bedingte Entfernung von Daten, Gegenständen und Unterlagen jeglicher Art.

Ich verpflichte mich zur Geheimhaltung über alles Interne, was mir während meiner Tätigkeit in der ______-Apotheke als vertraulich bezeichnet wird und über alles, was mir durch meine Tätigkeit in der ______-Apotheke über die Apotheke selbst, ihre Geschäftspartner, Lieferanten und Kunden zur Kenntnis kommt, sofern dies nicht ohnehin öffentlich zugänglich oder bereits öffentlich bekannt ist.

Dies gilt auch nach Beendigung des Arbeitsverhältnisses.

In der Verletzung der Verschwiegenheitsverpflichtung kann zugleich eine Verletzung des Apothekergeheimnisses und arbeitsrechtlicher Schweigepflichten liegen.

Über die Bestimmungen der Datenschutzgrundverordnung, des Datenschutzanpassungs-Umsetzungs-Gesetzes (Bundesdatenschutzgesetz neu) einschließlich der jeweiligen Straf- und Bußgeldvorschriften und über die Strafbarkeit bei Verletzung des Apothekergeheimnisses bin ich vor Unterzeichnung der vorstehenden Schweigepflichterklärung umfassend informiert worden.

Diese Verpflichtungserklärung habe ich nach reiflicher Überlegung unterzeichnet.

Ort, Datum ________________ Name/Unterschrift des Mitarbeiters ______________

Anhang 2: Verzeichnis der Verarbeitungstätigkeiten gemäß Art. 30 DS-GVO

Muster für die Kundendatei, die Abrechnung über das Rechenzentrum, die Herstellung von Rezepturarzneimitteln und die BtM-Dokumentation

Das jeweilige Muster muss auf die konkreten Verarbeitungstätigkeiten in der Apotheke angepasst und entsprechend ergänzt ergänzt werden! Das vorliegende Muster ist nicht abschließend! Anhand des Musters sind auch alle anderen Verarbeitungsprozesse personenbezogener Daten in der Apotheke zu erfassen. Es handelt sich um interne Dokumente der Apotheke.

Verzeichnis der Verarbeitungstätigkeiten gemäß Artikel 30 Abs. 1 DS-GVO

Stammblatt

Angaben zum Verantwortlichen

Muster-Apotheke
Inhaber(in) Apotheker(in) Anna Mustermann e.K.
Musterstraße 1
12345 Musterstadt

Telefon:
Fax:
E-Mail:
Internetadresse

Angaben zur Person des Datenschutzbeauftragten *(falls benannt)*

intern wie folgt / extern mit Anschrift

Herr Dr. Hans Meier
Muster-Apotheke
Musterstraße 1
12345 Musterstadt

Telefon:
E-Mail:

Fußzeile: Ersteller/Freigabe/Freigabedatum/Versionsstand

Verzeichnis Blatt 1

Verarbeitungstätigkeit: Elektronische Kundendatei

Datum der Einführung	
Datum der letzten Änderung	
Art. 30 Abs. 1 S. 2 lit. a: Verantwortlicher Ansprechpartner/ Mitarbeiter Telefon E-Mail	*Name des Mitarbeiters der Apotheke, der verantwortlich ist (falls benennbar)*
Name des eingesetzten Verfahrens	*Name der verwendeten Software, ggf. Rezeptscanner mitbenennen*
Art. 30 Abs. 1 S. 2 lit. b: Verarbeitungszwecke	Prüfung und Beratung der Kunden zu Wechselwirkungen und Unverträglichkeiten Erstellung von Zuzahlungsbescheinigungen für Krankenkasse und Finanzamt Versendung von Werbung (Einladungen zu Informationsveranstaltungen, Versendung von Glückwunschkarten und Newslettern) *(sämtliche Zwecke benennen)*
Rechtsgrundlage	Einwilligung der Betroffenen gemäß Art. 6 Abs. 1 Satz 1a, Art. 7 DS-GVO
Art. 30 Abs. 1 S. 2 lit. c: Beschreibung der Kategorien betroffener Personen	Kunden: Apothekenkunden (HV) Heimbewohner (Pflege-/Altenheime) Arztpraxen (Sprechstundenbedarf) Firmenkunden Mitarbeiter Verordner
Art. 30 Abs. 1 S. 2 lit. c: Beschreibung der Kategorien personenbezogener Daten	Personenbezogene Daten und besondere Kategorien personenbezogener Daten gemäß Art. 9 DS-GVO: Name und Kontaktdaten (Pflichtangaben) Geburtsdatum Krankenkasse und Versichertennummer Zuzahlungsstatus (Befreiung) Hausarzt Medikationsdaten Arzneimittel (frei verkäuflich oder Rx) Rezeptscanner: Rezeptkopie

Art. 30 Abs. 1 S. 2 lit. d: Kategorien von Empfängern der Daten	Intern: Mitarbeiter mit Zugriff auf die Kundendatei (Handverkauf), ____________ Mitarbeiter mit Zugriff auf die Kundendatei in der Filialapotheke, Mitarbeiter des Softwareanbieters (nach Freischaltung) bei Fernwartung – Auftragsverarbeitung
Art. 30 Abs. 1 S. 2 lit. e: Übermittlungen an ein Drittland oder internationale Organisationen	*entfällt*
Art. 30 Abs. 1 S. 2 lit. f: Löschfrist	Löschung drei Jahre nach der letzten Speicherung auf der Kundenkarte, Löschung erfolgt bis zum Ende des ersten Quartals des Folgejahres **Alternativ:** Zehn Jahre zum Jahresende ab Erstellung von Buchungsbelegen etc. gemäß § 257 Abs. 1 HGB
Auftragsverarbeitung	Der Softwareanbieter *(Name einfügen)* ist als Auftragsverarbeiter für die Apotheke tätig. Eine Vereinbarung zur Auftragsverarbeitung liegt vor.
Art. 30 Abs. 1 S. 2 lit. g: Technisch-organisatorische Maßnahmen gemäß Art. 32 DS-GVO	Hier müssen die in der Apotheke getroffenen technisch-organisatorischen Maßnahmen aufgeführt werden (siehe **Checkliste im Anhang 7**) *(nicht abschließende) Beispiele:* Passwortschutz Gestaffelte Zugriffsrechte regelmäßige Updates Verschlüsselung der Daten Datensicherung Vereinbarung zur Auftragsverarbeitung mit dem Anbieter und Kontrollen *(sämtliche Maßnahmen benennen)*

Fußzeile: Ersteller/Freigabe/Freigabedatum/Versionsstand

Verzeichnis Blatt 2

Verarbeitungstätigkeit: Rezeptabrechnung über das Apothekenrechenzentrum

Datum der Einführung	
Datum der letzten Änderung	
Art. 30 Abs. 1 S. 2 lit. a: Verantwortlicher Ansprechpartner / Mitarbeiter Telefon E-Mail	*Name des Mitarbeiters der Apotheke, der verantwortlich ist (falls benennbar)*
Name des eingesetzten Verfahrens	*Name des beauftragten Rechenzentrums, verwendeter Software, ggf. Rezeptscanner mitbenennen*
Art. 30 Abs. 1 S. 2 lit. b: Verarbeitungszwecke	Abrechnung der Apotheke mit der Krankenkasse des Kunden unter Verwendung des jeweiligen Rezeptformulars („Muster 16")
Rechtsgrundlage	Datenverarbeitung zur Vertragsdurchführung mit dem Kunden gemäß Art. 6 Abs. 1 Satz 1b und gemäß rechtlicher Verpflichtung gemäß Art. 6 Abs. 1 Satz 1b DS-GVO nach § 129, § 300, § 302, § 305 SGB V; § 17 Abs. 6 ApBetrO
Art. 30 Abs. 1 S. 2 lit. c: Beschreibung der Kategorien betroffener Personen	Kunden, die Rezepte einlösen Verordner
Art. 30 Abs. 1 S. 2 lit. c: Beschreibung der Kategorien personenbezogener Daten	Personenbezogene Daten und besondere Kategorien personenbezogener Daten gemäß Art. 9 DS-GVO: Name und Adresse Geburtsdatum Versichertendaten Daten des Kostenträgers Daten des Verordnenden Verordnung des Arztes (Medikation, Hilfsmittel) ggf. Diagnose (Hilfsmittel)
Art. 30 Abs. 1 S. 2 lit. d: Kategorien von Empfängern der Daten	Rechenzentrum (Name einfügen)
Art. 30 Abs. 1 S. 2 lit. e: Übermittlungen an ein Drittland oder internationale Organisationen	*entfällt*
Art. 30 Abs. 1 S. 2 lit. f: Löschfrist	Entfällt (keine Speicherung in der Apotheke) / Beachte: Techn. Anlage 3 zur Abrechnungsvereinbarung nach § 300 SGB V (10 Jahre)

Auftragsverarbeitung	Das Rechenzentrum *(Name einfügen)* ist als Auftragsverarbeiter für die Apotheke tätig. Eine Vereinbarung zur Auftragsverarbeitung liegt vor.
Art. 30 Abs. 1 S. 2 lit. g: Technisch-organisatorische Maßnahmen gemäß Art. 32 DS-GVO	Hier müssen die in der Apotheke getroffenen technisch-organisatorischen Maßnahmen aufgeführt werden (siehe **Checkliste im Anhang 7**) *(nicht abschließende) Beispiele:* Vereinbarung zur Auftragsverarbeitung mit dem Rechenzentrum und Kontrollen Sichere Verwahrung der Papierrezepte bis zum Transport Transport in verplombter Box *technischen Datenschutz bei Einsatz von Rezeptscannern beschreiben* *(sämtliche Maßnahmen benennen)*

Fußzeile: Ersteller/Freigabe/Freigabedatum/Versionsstand

Verzeichnis Blatt 3

Verarbeitungstätigkeit: Datenverarbeitung bei Herstellung von Rezepturarzneimitteln

Datum der Einführung	
Datum der letzten Änderung	
Art. 30 Abs. 1 S. 2 lit. a: Verantwortlicher Ansprechpartner / Mitarbeiter Telefon E-Mail	*Name des Mitarbeiters der Apotheke, der verantwortlich ist (falls benennbar)*
Name des eingesetzten Verfahrens	*Name der verwendeten Software*
Art. 30 Abs. 1 S. 2 lit. b: Verarbeitungszwecke	Pflichtdokumentation zur Rezeptur gemäß Apothekenbetriebsordnung (Plausibilität und Arzneimittelsicherheit)
Rechtsgrundlage	Datenverarbeitung aufgrund rechtlicher Verpflichtung gemäß Art. 6 Abs. 1 Satz 1b DS-GVO nach § 7, § 14 ApBetrO
Art. 30 Abs. 1 S. 2 lit. c: Beschreibung der Kategorien betroffener Personen	Kunden mit Verordnung über Rezepturen Kunden mit Rezepturwunsch (apothekenpflichtige Rezepturen, Tees etc.)
Art. 30 Abs. 1 S. 2 lit. c: Beschreibung der Kategorien personenbezogener Daten	Personenbezogene Daten und besondere Kategorien personenbezogener Daten gemäß Art. 9 DS-GVO: Name und Anschrift des Kunden Arzt Rezepturdaten (Dosierung, Ausgangsstoffe etc.)
Art. 30 Abs. 1 S. 2 lit. d: Kategorien von Empfängern der Daten	Dokumentierender Mitarbeiter im Rahmen der Prüfungs- /Dokumentationspflichten Kenntnisnahmemöglichkeit durch Mitarbeiter des Softwareanbieters bei Fernwartung - Auftragsverarbeitung
Art. 30 Abs. 1 S. 2 lit. e: Übermittlungen an ein Drittland oder internationale Organisationen	*entfällt*
Art. 30 Abs. 1 S. 2 lit. f: Löschfrist	Aufbewahrung der Daten mindestens bis ein Jahr nach Verfall, nicht weniger als fünf Jahre (§ 22 ApBetrO)
Auftragsverarbeitung	Der Softwareanbieter *(Name einfügen)* ist als Auftragsverarbeiter für die Apotheke tätig. Vereinbarungen zur Auftragsverarbeitung liegt vor.

Art. 30 Abs. 1 S. 2 lit. g: Technisch-organisatorische Maßnahmen gemäß Art. 32 DS-GVO	Hier müssen die in der Apotheke getroffenen technisch-organisatorischen Maßnahmen aufgeführt werden (siehe **Checkliste im Anhang 7**) *zum Beispiel:* Passwortschutz Gestaffelte Zugriffsrechte, regelmäßige Updates Verschlüsselung der Daten Datensicherung Vereinbarung zur Auftragsverarbeitung mit dem Softwareanbieter und Kontrollen *(sämtliche Maßnahmen benennen)*

Fußzeile: Ersteller/Freigabe/Freigabedatum/Versionsstand

Verzeichnis Blatt 4

Verarbeitungstätigkeit: BtM-Dokumentation

Datum der Einführung	
Datum der letzten Änderung	
Art. 30 Abs. 1 S. 2 lit. a: Verantwortlicher Ansprechpartner / Mitarbeiter Telefon E-Mail	*Name des Mitarbeiters der Apotheke, der verantwortlich ist (falls benennbar)*
Name des eingesetzten Verfahrens	*Name der verwendeten Software*
Art. 30 Abs. 1 S. 2 lit. b: Verarbeitungszwecke	Pflichtdokumentation Betäubungsmittel gemäß § 14 BtMVV
Rechtsgrundlage	Datenverarbeitung aufgrund rechtlicher Verpflichtung gemäß Art. 6 Abs. 1 Satz 1b DS-GVO nach §§ 7, 12–14 BtMVV, § 13 BtMG
Art. 30 Abs. 1 S. 2 lit. c: Beschreibung der Kategorien betroffener Personen	Substitutionskunden Kunden, Heimbewohner Arzt (Sprechstundenbedarf) dokumentierender Mitarbeiter
Art. 30 Abs. 1 S. 2 lit. c: Beschreibung der Kategorien personenbezogener Daten	Personenbezogene Daten und besondere Kategorien personenbezogener Daten gemäß Art. 9 DS-GVO: Name und Anschrift des Kunden Geburtsdatum Arzt mit Anschrift Medikament Krankenkassendaten
Art. 30 Abs. 1 S. 2 lit. d: Kategorien von Empfängern der Daten	Krankenkasse Substitution: Bundesopiumstelle / Aufsichtsbehörden Pharmazeutisches Personal der Apotheke PKA (Zugriff) Kenntnisnahmemöglichkeit durch Mitarbeiter des Softwareanbieters bei Fernwartung - Auftragsverarbeitung
Art. 30 Abs. 1 S. 2 lit. e: Übermittlungen an ein Drittland oder internationale Organisationen	*entfällt*
Art. 30 Abs. 1 S. 2 lit. f: Löschfrist	drei Jahre nach letztem Eintrag (§ 13 BtMVV) / Substitution länger

Auftragsverarbeitung	Der Softwareanbieter *(Name einfügen)* ist als Auftragsverarbeiter für die Apotheke tätig. Vereinbarungen zur Auftragsverarbeitung liegt vor.
Art. 30 Abs. 1 S. 2 lit. g: Technisch-organisatorische Maßnahmen gemäß Art. 32 DS-GVO	Hier müssen die in der Apotheke getroffenen technisch-organisatorischen Maßnahmen aufgeführt werden (siehe **Checkliste im Anhang 7**) *zum Beispiel:* Passwortschutz / Programmzugangsberechtigung Gestaffelte Zugriffsrechte regelmäßige Updates regelmäßige Datensicherung Verschlüsselung der Daten Vereinbarung zur Auftragsverarbeitung mit dem Softwareanbieter und Kontrollen *(sämtliche Maßnahmen benennen)*

Fußzeile: Ersteller/Freigabe/Freigabedatum/Versionsstand

Anhang 3: Muster Benennung des betrieblichen Datenschutzbeauftragten

Benennung des betrieblichen Datenschutzbeauftragten

Die Apotheke ______ (Auftraggeber) benennt mit Wirkung vom ______ (Datum)
Herrn/Frau ______ (Beauftragter)
gemäß Art. 37 Datenschutz-Grundverordnung (DS-GVO) / § 38 Abs. 1 DSAnpUG-EU zu ihrem/ihrer Beauftragten für Datenschutz.

Der/die Beauftragte für den Datenschutz hat die gesetzlichen Aufgaben nach Art. 39 DS-GVO wahrzunehmen, insbesondere

- die Unterrichtung und Beratung des Verantwortlichen (Apothekeninhaber) und der Beschäftigten, die Verarbeitungen durchführen, zu den datenschutzrechtlichen Vorgaben,
- die Überwachung der Einhaltung des Datenschutzes (gesetzliche Bestimmungen und Datenschutzstrategie/-leitbild der Apotheke) einschließlich der Zuweisung von Zuständigkeiten, der Sensibilisierung und Schulung der an den Verarbeitungsvorgängen beteiligten Mitarbeiter und der diesbezüglichen Überprüfungen,
- Beratung im Zusammenhang mit der Datenschutz-Folgenabschätzung und Überwachung ihrer Durchführung gemäß Art. 35 DS-GVO,
- Zusammenarbeit mit der Aufsichtsbehörde,
- Tätigkeit als Anlaufstelle für die Aufsichtsbehörde bei Fragen im Zusammenhang mit der Datenverarbeitung einschließlich Konsultation nach Art. 36 DS-GVO und ggf. Beratung zu allen sonstigen Fragen.

Der/die Datenschutzbeauftragte ist bezüglich seiner/ihrer Fachkunde weisungsfrei und ausschließlich gegenüber der Geschäftsführung der Apotheke berichtspflichtig.

Von der besonderen Verschwiegenheitspflicht über ihm/ihr zur Kenntnis gelangte Tatsachen, die Rückschlüsse auf eine bestimmte Person zulassen, kann er/sie nur vom Betroffenen entbunden werden.

Der/die Beauftragte übernimmt für die Apotheke die gesetzlich definierten Pflichten des betrieblichen Datenschutzbeauftragten.

Ort, Datum ____________________

___________________________________ ________________________________

(Apotheke/Stempel/Unterschrift) (Datenschutzbeauftragter)

Anhang 4: Muster Einwilligung in die Kundenkarte

Das bietet Ihnen die persönliche, kostenlose Kundenkarte unserer Apotheke:

Wir speichern neben ihren unten angegebenen Daten auf Basis dieser Einwilligung in unserer Apotheke elektronisch in einer Kundendatei auch Gesundheitsdaten, insbesondere Rezeptdaten wie Medikamente und sonstige Arzneimittel und Produkte, die Sie in unserer Apotheke käuflich erwerben. Auf Basis dieser Daten beraten Sie unsere Mitarbeiter umfassend und bestmöglich und wissen, welche Medikamente Sie bislang in unserer Apotheke erhalten haben. Wir prüfen Ihre Arzneimittel auf Wechselwirkungen und Arzneimittelunverträglichkeiten.

Wir wissen, ob Sie von Zuzahlungen befreit sind. Ihre Befreiungsbescheinigung müssen Sie nur einmalig vorlegen.

Wir erstellen für Sie auf Basis der in der Apotheke gespeicherten Daten eine Sammelquittung (Zuzahlungsbescheinigung) für die Rückerstattung von Rezeptgebühren durch die Krankenkasse oder für das Finanzamt.

Ja, ich möchte von den vielen Vorteilen der Kundenkarte profitieren und beantrage die Ausstellung einer Kundenkarte.

Name/Vorname:______________________________

Anschrift: ______________________________

Geburtsdatum*: ______________________________

Telefonnummer*: ______________________________

Bekannte Allergien*: ______________________________

Krankenkasse*: ______________________________

Zuzahlungsbefreiung*: _______________ falls ja, bis*: _______________

Hausarzt*: ______________________________

**freiwillige Angaben*

☐ Durch das Kreuzen dieses Kästchens erkläre ich ausdrücklich meine Einwilligung zur Speicherung, Verarbeitung und Nutzung meiner vorstehend genannten Daten durch die Muster-Apotheke. Diese Einwilligung bezieht sich auch auf alle Gesundheitsdaten, das heißt Daten zu Medikationen und zu Arzneimitteln und Produkten, die ich in der Muster-Apotheke erhalte beziehungsweise erwerbe.

Einwilligung in werbliche Maßnahmen:

Weiterhin genießen Sie folgende Vorteile, wobei die in der Apotheke gespeicherten personenbezogenen Daten genutzt werden:

Wir laden Sie persönlich per Post / telefonisch / per E-Mail zu Informationsveranstaltungen in unserer Apotheke ein.
Wir informieren Sie per Post / telefonisch / per E-Mail über unsere besonderen Aktionen und Veranstaltungen.
Wir gratulieren persönlich zu besonderen Anlässen und haben eine kleine Überraschung für Sie.

☐ Durch das Kreuzen dieses Kästchens erkläre ich ausdrücklich meine Einwilligung zur Speicherung, Verarbeitung und Nutzung meiner personenbezogenen Daten für Werbezwecke.

Eine Weitergabe der Kundenkartendaten an unbefugte Dritte findet nicht statt.
Spätestens ...... Jahre nach meinem letzten Besuch in der Apotheke (letzte Speicherung in die Kundendatei) werden die Daten gelöscht.

Diese Einwilligungserklärung kann von mir jederzeit mit Wirkung für die Zukunft gegenüber der Apotheke widerrufen werden. Im Fall des Widerrufs kann ich die Vorteile der Kundenkarte nicht mehr nutzen.

Die Belehrung zu den datenschutzrechtlichen Informationspflichten (Art. 12 und Art. 13 Datenschutz-Grundverordnung) habe ich vor Unterzeichnung der Einwilligungserklärung zur Kenntnis genommen.

Für Fragen zum Datenschutz steht mir der Datenschutzbeauftragte der Apotheke zur Verfügung.

Muster-Apotheke, Musterstadt

Datum ____________________

Unterschrift __________________________________

Anhang 5: Muster Datenschutz-Folgenabschätzung

Datenschutz-Folgenabschätzung für eine Videoüberwachung

Das Muster muss auf die konkrete Videoüberwachung in der Apotheke angepasst und entsprechend ergänzt werden!

I. *Dokumentation der Verarbeitung*
   1. *Systematische Beschreibung der Verarbeitung*
      Hier erfolgt eine detaillierte und bezüglich der Datenflüsse umfassende und abschließende Beschreibung der Verarbeitung!
      - z. B. technische Details der Videoüberwachung unter Beachtung der Angaben des Herstellers (Was wird gespeichert, an wen übermittelt, wann gelöscht?)
      - Ausgestaltung der Nutzung der Videoüberwachung in der Apotheke (Anzahl, Anbringungs- / Aufstellungsort der Geräte, Ausrichtung der Kamera)
   2. *Zweck der Verarbeitung*
      - Wahrung des Hausrechts nach § 4 Abs. 1 Nr. 2 DSAnpUG (= BDSG neu)
   3. *Berechtigte Interessen der Apotheke*
      - Durchsetzung des Hausrechts, Vermeidung von Diebstählen

II. *Bewertung*
   1. *Bewertung der Notwendigkeit und Verhältnismäßigkeit des Verarbeitungsvorganges in Bezug auf den Verarbeitungszweck*
      Sind die geplanten Maßnahmen
      - notwendig,
      - geeignet für den angestrebten Zweck,
      - erforderlich (mildere Mittel zur Zweckerreichung),
      - angemessenes Mittel für den angestrebten Zweck?

      Sind die Art der gespeicherten Daten, ihre Übermittlung, der zugriffsberechtigte Personenkreis und die Fristen zur Datenlöschung von der Rechtsgrundlage und dem angestrebten Zweck gedeckt?

      Anzahl der Diebstähle (Anzeigen bei der Polizei) zunehmend;
      mildere Mittel: Leerpackungen nicht ausreichend? Reine Abschreckung durch Attrappe nicht ausreichend? Reicht eine Videoüberwachung ohne Aufzeichnung?

   2. *Bewertung des Risikos für die betroffenen Personen*
      - Wer ist gegebenenfalls an den Daten interessiert, um diese unrechtmäßig zu nutzen?
      - Wie hoch ist die Wahrscheinlichkeit unrechtmäßiger Zugriffe?
      - Gefahren für Datenintegrität, -vertraulichkeit und Datenverfügbarkeit sind zu ermitteln!

- Was sind die potentiellen Schäden und wie schwerwiegend sind diese? Wie hoch ist die Eintrittswahrscheinlichkeit?

Recht am eigenen Bild (Art. 2 I, Art. 1 GG) betroffen
Risiko bei Aufzeichnung der Videoüberwachung höher als bei „Mitlaufenlassen" ohne Aufzeichnung
→ hohes Risiko

Achtung
Arbeitserleichterung (mehr Personal an den HV-Tisch) ist kein gesetzlicher Grund für eine Videoüberwachung!

III. Gegenmaßnahmen zum festgestellten Risiko

1. *Arbeitsanweisungen, Verfahrensanweisungen (mit Sanktionen), Kenntnisnahme der Betroffenen*
   - Können die Betroffenen die ihnen zustehenden Rechte geltend machen?
   - schriftliche Einwilligung / Kenntnisnahme der Mitarbeiter
   - Information der Kunden zur Videoüberwachung und zu den Betroffenenrechten (Aushang zu den Informationspflichten in der Apotheke, Art. 12, Art. 13 DS-GVO)
2. *Technische Sicherheitsvorkehrungen*
   - Kamera nicht zoom- und schwenkbar,
   - keine Tonaufzeichnungen,
   - angemessene Anzahl der Kameras in der Offizin,
   - keine permanente Überwachung der Mitarbeiter (Bereich hinter dem HV-Tisch ausnehmen),
   - keine Überwachung der Sozialräume (Backoffice),
   - Aufzeichnung der Videoüberwachung nicht länger als eine Woche vorhalten,
   - Technische Sicherung der Aufzeichnungen
3. *Organisatorische Regelungen zum Schutz personenbezogener Daten*
   - Kennzeichnung der Videoüberwachung (in Augenhöhe, vor Betreten des videoüberwachten Bereichs (Eingangstür(en), Warenschleuse etc.
   - Zugriff nur für Apothekeninhaber,
   - sichere Aufbewahrung der aufgezeichneten Daten,
   - Sicherstellung der Datenlöschung nach einer Woche
4. *Nachweise für die Einhaltung der Maßnahmen*
   - Dokumentation der Kontrollen der ordnungsgemäßen Verarbeitung und der Löschung der Videoaufzeichnungen

Ergebnis der Datenschutzfolgenabschätzung

- Umgang mit Restrisiko beschreiben (wenn vorhanden, dokumentieren)
- hohe Risiken, die sich nicht durch geeignete Maßnahmen eindämmen lassen → **Meldung** an die Datenschutz-Aufsichtsbehörde!

Ort, Datum ____________________

_________________________________ _____________________________

(Apotheke/Stempel/Unterschrift) (Datenschutzbeauftragter)

Datenschutz-Folgenabschätzung für ein Fingerprintsystem

Das Muster muss auf die konkrete Ausgestaltung des Fingerprintsystems in der Apotheke angepasst und entsprechend mit detaillierten Angaben ergänzt werden!

I. Dokumentation der Verarbeitung

1. Systematische Beschreibung der Verarbeitung

Hier erfolgt eine detaillierte bezüglich der Datenflüsse abschließende Beschreibung der Verarbeitung,

- z. B. technische Details des Fingerprintsystems unter Beachtung der Angaben des Herstellers (was wird wo und wie lange gespeichert, übermittelt, gelöscht?) Ausgestaltung der Nutzung in der Apotheke (Anzahl, Aufstellungsort der Geräte, Art des Arbeitsplatzes, Netzstruktur, Hard- und Software etc.)
- Letztlich erfolgt eine Abwägung, ob die bestehenden/verbleibenden Restrisiken unter Berücksichtigung der Interessen des Betroffenen am Schutz seiner Daten tragbar sind

2. Zweck der Verarbeitung

- Vorgaben des Finanzamtes
- Revisionssicherheit
- Datensicherheit (Speicherkontrolle, Zugriff auf die Daten nur für befugte Mitarbeiter)

3. Berechtigte Interessen der Apotheke

- Sichere und nachweisbare Zuordnung der Bediener bei Eingaben im Kassenprogramm / in der Software;
- Datensicherheit, da Verhinderung des Zugriffs auf Daten durch Unbefugte

II. Bewertung

1. Bewertung der Notwendigkeit und Verhältnismäßigkeit des Verarbeitungsvorganges in Bezug auf den Verarbeitungszweck

Sind die geplanten Maßnahmen

- notwendig,
- geeignet für den angestrebten Zweck,
- erforderlich (mildere Mittel zur Zweckerreichung),
- angemessenes Mittel für den angestrebten Zweck?

Sind die Art der gespeicherten Daten, ihre Übermittlung, der zugriffsberechtigte Personenkreis und die Fristen zur Datenlöschung von der Rechtsgrundlage und dem angestrebten Zweck gedeckt?

Achtung
Art. 9 DS-GVO stellt hohe Anforderungen an die Verarbeitung biometrischer Daten!

- keine sichere Zuordnung der Bediener durch andere Systeme?
- Risiko bei unzureichendem Passwortschutz?
- Chiparmband als Alternative?
- Akzeptanz beim Personal

2. *Bewertung des Risikos für die betroffenen Personen*
   - Wer ist gegebenenfalls an den Daten interessiert, um diese unrechtmäßig zu nutzen? Wie hoch ist die Wahrscheinlichkeit unrechtmäßiger Zugriffe?
   - Gefahren für Datenintegrität, -vertraulichkeit und Datenverfügbarkeit sind zu ermitteln!
   - Was sind die potentiellen Schäden und wie schwerwiegend sind diese? Wie hoch ist die Eintrittswahrscheinlichkeit?

Erhebung biometrischer Daten
hochsensible Daten mit hohem Rechtfertigungsrisiko (Verwechselung des Bedieners ausgeschlossen),
Identitätsdiebstahl bei unbefugten Zugriffen => hohes Risiko

III. *Gegenmaßnahmen zum festgestellten Risiko*
1. *Arbeitsanweisungen, Verfahrensanweisungen (mit Sanktionen), Kenntnisnahme der Betroffenen*
   - Können die Betroffenen die ihnen zustehenden Rechte geltend machen?
   - schriftliche Einwilligung der Mitarbeiter nach erfolgter Risikoaufklärung und unter Anbietung von Alternativen wie Chiparmbändern oder Passwortschutz
2. *Technische Sicherheitsvorkehrungen:*
   - z. B. Passwortschutz, Firewall, Verschlüsselung
   - keine Speicherung bzw. Speicherdauer auf ein absolutes Minimum reduzieren, Verschlüsselung, Zugriff klären (Administrator/Softwareanbieter), technischen Datenschutz mit dem Anbieter absichern und dokumentieren
3. *Organisatorische Regelungen zum Schutz personenbezogener Daten:*
   - z. B. Datensicherung
   - Prüfung der Anbieterangaben durch die Apotheke als verantwortliche Stelle (siehe b), technischen Datenschutz mit dem Anbieter absichern (vertragliche Regelungen, schriftliche Zusicherung, Zertifikate)
4. *Nachweise für die Einhaltung der Maßnahmen:*
   - z. B. Dokumentation der Kontrollen der ordnungsgemäßen Verarbeitung und Löschung in der Apotheke und beim Softwareanbieter(!)

Ergebnis der Datenschutzfolgenabschätzung:

- Umgang mit Restrisiko beschreiben (wenn vorhanden, dokumentieren)
- Letztlich erfolgt eine Abwägung, ob die bestehenden/verbleibenden Restrisiken unter Berücksichtigung der Interessen des Betroffenen am Schutz seiner Daten tragbar sind!
- hohe Risiken, die sich nicht durch geeignete Maßnahmen eindämmen lassen → **Meldung** an die Datenschutz-Aufsichtsbehörde!

Ort, Datum ____________________

____________________________________ ________________________________

(Apotheke/Stempel/Unterschrift) (Datenschutzbeauftragter)

Anhang 6: Mitteilung zu den Informationspflichten (Aushang/Flyer) nach Art. 12/13 DS-GVO

Sehr geehrter Kunde,

nachstehend informieren wir Sie gemäß Art. 13 Datenschutz-Grundverordnung (DS-GVO) zur Verarbeitung ihrer personenbezogenen Daten (nachfolgend „Daten") in unserer Apotheke:

Verarbeitende Stelle / Verantwortlicher:

- Name und Kontaktdaten des Apothekeninhabers
- Apothekerin Anna Muster e.K., Apothekenanschrift, Telefon, Fax, E-Mail etc.
- Kontaktdaten des Datenschutzbeauftragten (falls benannt)
  keine namentliche Nennung notwendig!,
- Apothekenanschrift, Telefon, Fax, E-Mail etc.

Zwecke der Verarbeitung:

Wir verarbeiten ihre Daten zu den folgenden Zwecken in unserer Apotheke:
Nach Art 6 Abs. 1 lit. b) DS-GVO auf Basis des mit Ihnen geschlossenen Vertrages:

- zur Erfüllung der Vertragsleistung (Rezeptbelieferung und Abrechnung bzw. Erwerb von rezeptfreien Arzneimitteln in der Apotheke)
  Dazu erfolgt die Weitergabe der Rezeptdaten an das Apothekenrechenzentrum zur Abrechnung des Arzneimittels gegenüber der gesetzlichen Krankenkasse gemäß § 300 Sozialgesetzbuch V.
- Zahlungsabwicklung
- Lieferung bestellter Produkte und Leistungen

Nach Art 6 Abs. 1 lit. a) DS-GVO auf Basis der von Ihnen erteilten Einwilligung:

- zur Erfüllung der Leistungen auf Basis der Kundenkarteneinwilligung und individuellen Betreuung (Beratung zu Wechselwirkungen und Unverträglichkeiten, Ausstellen von Zuzahlungsbescheinigungen, Zusendung interessanter Informationen zu Produkten und Veranstaltungen in der Apotheke)
  Insoweit erfolgt die Weitergabe der Kundenkartendaten (personenbezogene Daten und in der Apotheke erworbene Medikamente, Kosmetika etc.) auch an die Filialapotheke (Rosenapotheke, Musterstraße 3 in 12345 Musterdorf) gemäß der gegenüber der Apotheke erteilten Einwilligung im Sinne des Art. 6 Abs. 1 S. 1a, Art. 7 Datenschutzgrundverordnung.
  Bei Widerruf der Einwilligung kann eine Speicherung in der elektronischen Kundendatei der Apotheke nicht erfolgen. Die damit verbundenen Beratungs- und Serviceleistungen entfallen.

- Weiterhin erfolgt die Weitergabe der Kundendaten (personenbezogene Daten und Gesundheits- /Rezeptdaten) an die Hersteller von Allergiemitteln zur Herstellung / Kennzeichnung von Allergiemitteln gemäß erteilter Einwilligung.

Bei Widerruf der Einwilligung kann die Lieferung des Allergiemittels durch den Hersteller nicht erfolgen.

- Es erfolgt die Weitergabe der Kundendaten (personenbezogene Daten und Gesundheits-/Rezeptdaten) an die Clearingstelle zur Abwicklung der Hilfsmittellieferung gemäß erteilter Einwilligung des Kunden.
  Bei Widerruf der Einwilligung kann die Dienstleistung der Clearingstelle nicht in Anspruch genommen werden, was ggf. zu einer deutlich längeren Bearbeitungszeit bezüglich des Erhaltes des Hilfsmittels führen kann.

Nach Art 6 Abs. 1 lit. c) DS-GVO auf Basis einer rechtlichen Verpflichtung:
- zur Erfüllung der gesetzlichen Dokumentationspflichten, beispielsweise bei der Abgabe von Betäubungsmitteln, Rezepturen, Defekturen, Tierarzneimitteln, nach Transfusionsgesetz etc. Wir sind gesetzlich verpflichtet, diese Daten zu erheben.

Zugriff auf die Daten hat der Anbieter unserer Software, die Firma ...... (Fernwartung). Mit dieser besteht eine Vereinbarung zur Auftragsverarbeitung. Die Mitarbeiter unterliegen der Verschwiegenheit.

Dauer der Verarbeitung:
Wir verarbeiten Ihre Daten nur so lange, wie dies zur Vertragserfüllung notwendig ist oder geltende Gesetze (Aufbewahrungsfristen) es erfordern.

Daten auf Basis der erteilten Einwilligung in die Kundenkarte werden drei Jahre nach Ihrem letzten Besuch in unserer Apotheke gelöscht.

Geschäftliche Unterlagen und Rechnungen werden gemäß den Vorgaben des Handelsgesetzbuches und der Abgabenordnung sechs beziehungsweise zehn Jahre aufbewahrt.

Solange Sie der Verarbeitung Ihrer Daten in unserer Apotheke nicht widersprechen, werden wir diese für eine Förderung und Pflege unserer vertrauensvollen Geschäftsbeziehung nutzen.

Sie können jederzeit die Löschung Ihrer Daten verlangen. Wir kommen diesem Wunsch unverzüglich nach, sofern der Löschung der Daten nicht gesetzliche Aufbewahrungsfristen entgegenstehen.

Ihre Rechte:
Die Datenschutz-Grundverordnung sieht für Sie als betroffene Person die folgenden Rechte vor:
- Sie können gemäß Art. 15 DSGVO **Auskunft** über Ihre von uns verarbeiteten personenbezogenen Daten zu verlangen. Insbesondere können Sie Auskunft über die Verarbeitungszwecke, die Kategorie der personenbezogenen Daten, die Empfänger oder Kategorien von Empfängern, gegenüber denen Ihre Daten offengelegt wurden oder werden, die geplan-

te Speicherdauer oder Kriterien für die Festlegung der Speicherdauer, das Bestehen eines Rechts auf Berichtigung, Löschung, Einschränkung der Verarbeitung oder Widerspruch gegen die Verarbeitung, das Bestehen eines Beschwerderechts bei der Aufsichtsbehörde, die Herkunft ihrer Daten, sofern diese nicht bei uns erhoben wurden, sowie über das Bestehen einer automatisierten Entscheidungsfindung einschließlich Profiling und ggf. aussagekräftigen Informationen zu deren Einzelheiten verlangen.

- Sie können gemäß Art. 16 DSGVO unverzüglich die **Berichtigung** unrichtiger personenbezogener Daten oder die Vervollständigung unvollständiger bei uns gespeicherter personenbezogenen Daten verlangen.
- Sie können gemäß Art. 17 DSGVO die unverzügliche **Löschung** Ihrer bei uns gespeicherten personenbezogenen Daten verlangen, soweit nicht die Verarbeitung zur Ausübung des Rechts auf freie Meinungsäußerung und Information, zur Erfüllung einer rechtlichen Verpflichtung, aus Gründen des öffentlichen Interesses oder zur Geltendmachung, Ausübung oder Verteidigung von Rechtsansprüchen erforderlich ist.
- Sie können gemäß Art. 18 DSGVO die **Einschränkung der Verarbeitung** Ihrer personenbezogenen Daten zu verlangen,
  soweit die Richtigkeit der Daten von Ihnen bestritten wird,
  die Verarbeitung unrechtmäßig ist, Sie aber deren Löschung ablehnen
  wir die Daten nicht mehr benötigen, Sie diese jedoch zur Geltendmachung, Ausübung oder Verteidigung von Rechtsansprüchen benötigen
  oder wenn Sie gemäß Art. 21 DSGVO Widerspruch gegen die Verarbeitung eingelegt haben.
  Wurde die Verarbeitung der Sie betreffenden personenbezogenen Daten eingeschränkt, dürfen diese Daten - von ihrer Speicherung abgesehen – nur mit Ihrer Einwilligung oder zur Geltendmachung, Ausübung oder Verteidigung von Rechtsansprüchen oder zum Schutz der Rechte einer anderen natürlichen oder juristischen Person verarbeitet werden. Im Falle der Einschränkung der Verarbeitung informieren wir Sie vor deren Aufhebung.
- Wir haben gemäß Art. 19 DS-GVO im Fall des Rechts auf Berichtigung, Löschung oder Einschränkung der Verarbeitung eine **Unterrichtungspflicht**, allen Empfängern ihrer personenbezogenen Daten die Berichtigung, Löschung oder Einschränkung der Verarbeitung mitzuteilen, es sei denn, dies erweist sich als unmöglich oder ist mit einem unverhältnismäßigen Aufwand verbunden. Ihnen steht das Recht zu, über diese Empfänger informiert zu werden.
- Sie haben gemäß Art. 20 DSGVO das Recht, Ihre personenbezogenen Daten, die Sie uns bereitgestellt haben und die wir auf Basis einer Einwilligung und mithilfe automatisierter Verfahren verarbeiten, in einem strukturierten, gängigen und maschinenlesebaren Format zu erhalten oder die Übermittlung an einen anderen Verantwortlichen zu verlangen – **„Datenportabilität".**
- Sie haben gemäß Art. 7 Abs. 3 DSGVO das Recht, Ihre einmal erteilte **Einwilligung** jederzeit uns gegenüber zu **widerrufen**. Dies hat zur Folge, dass wir die Datenverarbeitung, die auf dieser Einwilligung beruht, für die Zukunft nicht mehr fortführen dürfen.
- Sofern Ihre personenbezogenen Daten auf Grundlage von berechtigten Interessen gemäß Art. 6 Abs. 1 S. 1 lit. f DSGVO verarbeitet werden, haben Sie das Recht, gemäß Art. 21 DSGVO **Widerspruch** gegen die Verarbeitung Ihrer personenbezogenen Daten einzule-

gen, soweit dafür Gründe vorliegen, die sich aus Ihrer besonderen Situation ergeben oder sich der Widerspruch gegen Direktwerbung richtet. Im letzteren Fall haben Sie ein generelles Widerspruchsrecht, das ohne Angabe einer besonderen Situation von uns umgesetzt wird.
- Sie haben gemäß Art. 77 DSGVO das Recht, sich bei einer Aufsichtsbehörde zu **beschweren**. In der Regel können Sie sich hierfür an die Aufsichtsbehörde Ihres Wohnortes zu wenden. Eine Liste der Aufsichtsbehörden ist abrufbar unter: http://www.bfdi.bund.de/DE/Infothek/Anschriften_links-node.html

Bitte lesen Sie für weitere Informationen auch die Datenschutzerklärung unserer Apotheke, fragen Sie unseren Datenschutzbeauftragten beziehungsweise kontaktieren Sie bei Fragen zu Datenschutzbestimmungen die zuständige Aufsichtsbehörde.

Wir hoffen Ihnen mit diesen Informationen geholfen zu haben und freuen uns, Sie als Kunde unserer Apotheke begrüßen zu dürfen.

Ihr Apothekenteam der Muster-Apotheke

Anhang 7: Checkliste Technisch-organisatorische Maßnahmen (Art. 32 DS-GVO)

Datenminimierung

☐ Werden nur für die Erfordernisse und Zwecke in der Apotheke benötigte personenbezogene Daten und Gesundheitsdaten erhoben?
☐ Werden nur Datenverarbeitungsprogramme installiert, die auch tatsächlich benötigt werden?
☐ Gibt es Sperr- und Löschroutinen (z. B. nach Ablauf von Aufbewahrungsfristen)?
☐ Erfolgt – wenn möglich – eine Anonymisierung der Daten?

Verfügbarkeit

☐ Erfolgt eine regelmäßige und zuverlässige Datensicherung?
☐ Wird zwingend notwendige technische Infrastruktur gespiegelt (z. B. Festplatte)?
☐ Ist eine unterbrechungsfreie Stromversorgung sichergestellt?
☐ Existieren Regelungen bei Ausfall von Mitarbeitern (Stellvertretung mit Zugriff auf Daten, Mails etc.)?
☐ Ist die Wiederherstellung bei Datenverlust getestet (Restore)?

Integrität

☐ Ist die Datenintegrität technisch abgesichert (elektronische Signaturen, Prüfsummenverfahren etc.)?
☐ Sind Schreib- und Löschrechte nur ausgewählten Personen (z. B. Apothekeninhaber) zugewiesen?
☐ Erfolgt eine Protokollierung von Zugriffen?
☐ Existiert eine klar strukturierte Rechteverwaltung (wer darf Daten lesen, bearbeiten, löschen etc.)?
☐ Gibt es begrenztes, für die Weitergabe von Daten autorisiertes Personal?
☐ Gibt es Regelungen für den Datenzugriff von Praktikanten, Auszubildenden, Aushilfen?
☐ Ist erkennbar, wie aktuell die Daten sind?

Vertraulichkeit

☐ Gibt es hierarchische Zugriffsrechte (Rechte- und Rollenkonzept)?
☐ Haben nur Personen Zugriff auf Daten, die diese auch benötigen (Beschränkung der Administrator- und Userrechte auf das zwingend Erforderliche)?
☐ Existieren klare Regelungen für alle Mitarbeiter, an wen Daten weitergegeben werden dürfen?
☐ Existieren klare Regelungen zur Versendung von Nachrichten per Mail, Telefax, Post etc.?
☐ Werden vor der Datenverarbeitung durch den Mitarbeiter Anmeldeprozesse durchlaufen?

Pseudonymisierung und Verschlüsselung:

☐ Existieren dem Stand der Technik entsprechende Verschlüsselungsverfahren?
☐ Werden die Daten bei Weitergabe verschlüsselt?

☐ Existiert eine Benutzerkennung mit Passwortsicherung (auch für Bildschirmschoner)?
☐ Genügt die Passwortqualität (mindestens zehn Zeichen, Groß-, Kleinbuchstaben, Sonderzeichen) den Anforderungen?
☐ Erfolgt - wenn möglich – eine Pseudonymisierung von Kundendaten?

Nichtverkettung
☐ Sind Verarbeitungsrechte eingeschränkt?
☐ Werden Daten ohne inhaltlichen Bezug voneinander getrennt gespeichert und verarbeitet (z. B. Kundenkarte – Lieferantenbestellung - BtM-Dokumentation)?

Räumlicher Schutz der Daten
☐ Erfolgt eine Videoüberwachung der Apothekenräume?
☐ Existieren Sicherungen wie Wachschutz, Alarmanlage?
☐ Gibt es eine effiziente Fenstersicherung?
☐ Gibt es eine konkrete und dokumentierte Schlüsselregelung für das Personal?
☐ Sind Sicherheitszonen in der Apotheke vorhanden?
☐ Gibt es klare Regeln für den Zutritt Dritter (z. B. Lieferanten)?

Weitere getroffene Maßnahmen:

____

____

____

____

____

Zu treffende Maßnahmen:

____

____

____

____

____

Anhang 8: QMS – Leitbild zum Datenschutz

Mustertext für das QM der Apotheke: Ergänzung des Leitbildes um den Aspekt des Datenschutzes

Der Schutz der Kundendaten ist uns wichtig!

- Wir gehen sorgfältig und sensibel mit den Personen- und Gesundheitsdaten unserer Kunden um und nutzen diese nur für gesetzliche und vom Kunden gewollte Zwecke, insbesondere zur Beratung im Bereich der Gesundheitsvorsorge. Wir gewährleisten entsprechend dem aktuellen Stand der Technik eine sichere Verarbeitung. Vertraulichkeit, Verfügbarkeit und Integrität sind wichtige Grundlagen unserer Tätigkeit.
- Geschäfts- und Vertragspartner wählen wir mit Blick auf die datenschutzrechtlichen Vorgaben aus.
- Vertraulichkeit und Diskretion sind für uns im Umgang mit dem Kunden selbstverständlich. Alle Mitarbeiter bilden sich regelmäßig weiter. Der Datenschutzbeauftragte der Apotheke berät und überwacht anhand der gesetzlichen Vorgaben zum Datenschutz. Er steht Kunden und Mitarbeitern als Ansprechpartner zur Verfügung.
- Wir kontrollieren die Einhaltung des Datenschutzes jährlich im Rahmen der gesetzlichen Vorgaben und des Qualitäts-Management-Systems.

Das Leitbild sollte – wie alle anderen Dokumente zum Datenschutz auch – mit Kopf- und Fußzeile versehen sein und die folgenden Angaben enthalten:

- Kopfzeile: Name der Apotheke,
- Fußzeile: Ersteller: Apothekeninhaber, Freigabe: Datenschutzbeauftragter, Datum Freigabe, Versionsstand.

9 Abkürzungsverzeichnis

AGG	Allgemeines Gleichbehandlungsgesetz
AMG	Arzneimittelgesetz
AMVV	Arzneimittelverschreibungsverordnung
AO	Abgabenordnung
ApBetrO	Apothekenbetriebsordnung
Art.	Artikel
BAK	Bundesapothekerkammer
BDSG	Bundesdatenschutzgesetz
BGB	Bürgerliches Gesetzbuch
BGBl.	Bundesgesetzblatt
BGH	Bundesgerichtshof
BtMBinHV	Betäubungsmittel-Binnenhandelsverordnung
BtMG	Gesetz über den Verkehr mit Betäubungsmitteln (Betäubungsmittelgesetz)
BtMVV	Betäubungsmittelverschreibungsverordnung
BVerfGE	Bundesverfassungsgerichtsentscheidung
DS-GVO	Datenschutz-Grundverordnung
DSAnpUG-EU	Datenschutz-anpassungs- und Umsetzungsgesetz EU
EDV	Elektronische Datenverarbeitung
EU	Europäische Union
GG	Grundgesetz
HGB	Handelsgesetzbuch
HV-Tisch	Handverkaufstisch
i.S.	im Sinne
i. V. m.	in Verbindung mit
LG	Landgericht
MPBetreibV	Medizinprodukte-Betreiberverordnung
PIN	Persönliche Identifikationsnummer
PKA	Pharmazeutisch-kaufmännische Angestellte
PTA	Pharmazeutisch-technische Angestellte
Rdnr.	Randnummer
SGB V	Sozialgesetzbuch V
SGB X	Sozialgesetzbuch X
sog.	sogenannte
StGB	Strafgesetzbuch
StPO	Strafprozessordnung
TFG	Transfusionsgesetz
TMG	Telemediengesetz
usw.	und so weiter
VSBG	Verbraucherstreitbeilegungsgesetz
z. B.	zum Beispiel
ZPO	Zivilprozessordnung

10 Stichwortverzeichnis

Hinweis zur beiliegenden CD-ROM

Auf der CD-ROM befinden sich die Mustertexte aus Kapitel 8 im *.docx-Format. Sie können mit handelsüblichen Textverarbeitungsprogrammen (nicht im Lieferumfang enthalten) bearbeitet werden und sind zwingend auf die individuellen Gegebenheiten in der Aptheke anzupassen und zu ergänzen.

Enthalten sind:

- Schweigepflichterklaerung.docx
  Anhang 1: Muster Schweigepflichterklärung
- VZ-Verarbeitungstaetigkeiten.docx
  Anhang 2: Muster Verzeichnis der Verarbeitungstätigkeiten gemäß Art. 30 DS-GVO
- Benennung-DSB.docx
  Anhang 3: Muster Benennung des betrieblichen Datenschutzbeauftragten
- Einwilligung-Kundenkarte.docx
  Anhang 4: Muster Einwilligung in die Kundenkarte
- DS-Folgenabschaetzung.docx
  Anhang 5: Muster Datenschutz-Folgenabschätzung
- Informationspflichten.docx
  Anhang 6: Muster Mitteilungen zu den Informationspflichten (Art. 12/13 DS-GVO)
- Checkliste-TOM.docx
  Anhang 7: Checkliste Technisch-organisatorische Maßnahmen (Art. 32 DS-GVO)
- QMS-Leitbild_DS.docx
  Anhang 8: Muster QMS – Leitbild zum Datenschutz